自分でやる？　プロに頼む？

相続登記

サクッと準備ガイド

司法書士　景山　悟　司法書士　伊藤和雄

中央経済社

はじめに

昨今、少子高齢化が進み「空き家問題」が話題になっています。そのような中、２０２４年４月より相続登記が義務化されました。

我が家で相続が発生したら、相続登記はどうしよう？　実際に相続が発生したけれど、相続登記って自分でできるの？　そのようなお悩みを抱えている方もいらっしゃるのではないでしょうか。

本書は、楽しいマンガを使いながら、相続登記の手続に取り組む前の段階のお話であったり、相続登記を自分で進めることができるか否かの判断のポイントをお伝えするものです（相続登記におけるコスパ・タイパについての解説とも言えるかもしれません）。ですから、相続登記の手続解説や手続マニュアルとはなっていません。な〜んだと思われた方もいるかもしれませんが、相続登記に関して情報を集めている方にとっては、とても重要な内容になっています。まずは、マンガや目次だけでもサッと目を通してみてください。

重要だと思われることは繰り返し記載していますので、ご興味のあるところからお読みいただければ幸いです。マンガだけを読んでいただいても良いと思います。

マンガに登場する主人公も大変苦労していますが、相続は心理的にも物理的にも負担が大きいです。本書が少しでも皆様の相続における負担軽減に資すれば望外の喜びです。

２０２４年秋

司法書士　**景山悟・伊藤和雄**

〔ご注意〕

本書は、一般の読者の方を対象としています。本書の全体を通して法律用語、法律関係の厳密さよりも、理解のしやすさを優先しています。法令等は執筆時点（２０２４年９月時点）の情報に基づいています。本書を活用される際は、その点にご留意の上、厳格な法律要件等については、各自の責任においてご確認をお願いします。

もくじ

第1章

相続登記って自分でできるの？

01 どっちが大変？ 相続登記VS確定申告

「父親が亡くなり、相続人になりました。自宅の名義を父親から変えたいのですが、相続登記って難しい手続きですか？」

「難しいかどうかは一概に言えないのですが、私の独自の考えでいえば、ご自身で税金の確定申告をしたことがある方は、取り組む力があるように思えます。」

相続登記VS転入届・婚姻届

相続登記は、法務局（※1）という国の役所に申請書を提出する行政手続です。行政手続という点では、市町村役場に届け出る転入届や婚姻届、税務署に申告する確定申告などと同じです。

ただ、同じ行政手続であっても転入届や婚姻届を専門家に依頼したという話はあまり聞きませんね。一方、相続登記や確定申告は司法書士や税理士に依頼することも多いです。

両者の大きな違いは、画一的な処理ができるかどうかです。行政手続では、「申請書」と「添付書類」が必要になります。例えば引っ越した場合、引っ越し先の役所で申請書である

※1　登記所とも言います。どちらも同じ意味です。法務省関連の役所です。

図表　易しい手続VS難しい手続

		内容	関係法令	申請書類	提出先
易	住所変更	転入届	本当は住基法や戸籍法、民法が関係するが意識する必要なし	画一的な申請書で添付書類も決まっている（簡単！）	役所
	婚姻	婚姻届			
難	相続	相続登記	民法・不動産登記法	登記申請書＋添付書類（準備・作成が大変）	法務局
	納税	確定申告	会計規則・税法	申告書＋領収書等の添付（準備・作成が大変）	税務署

「転入届」と添付書類である「転出証明書」を提出します。また、結婚した場合、申請書である「婚姻届」と添付書類である「戸籍謄本」を提出します。これらの手続は、申請する内容もその理由も事例にかかわらずほぼ同じです。そのため、画一的な申請書と添付書類で足ります。

それに対し、相続登記の手続は、「相続をする」という申請内容は同じでも、「**なぜその人が相続したのか**」という理由の部分は、「親が亡くなったので子が相続した」「婚姻しているが子がいない人が亡くなったので兄弟姉妹が相続した」「祖父が亡くなったがその前に父が亡くなっているので孫が相続した」「遺言に定められていたので相続した」「遺産分割協議を行わないので相続人全員が相続した」「遺産分割協議を行って相続をした」など、千差万別です（※2）。

そうなると、申請内容や理由を証明する添付書類も、ケースごとにさまざまなものが考えられます。**申請内容や理由に合わせ**、相続人であることを証明するための戸籍謄本等や、遺産分割協議が行われたことを証明するための遺産分割協

※2　相続理由については民法などの法律に照らして判断することになります。

議書や印鑑登録証明書などを各自で準備しなければなりません。それゆえ、相続登記の**添付書類を画一的に示すことは難しい**のです（※３）。

「登記申請書においても、一応のひな形はあります。ただ、転入届や婚姻届のようになじみのある申請書に比べれば、スカスカです。同じ『相続をする』という申請内容でも、何人で相続するのか、どの不動産を相続するのか、登録免許税の額など記載内容が多岐にわたるからです。行政手続の中でとっつきにくいのは、間違いないでしょう。」

相続登記 VS 確定申告

相続登記がどれくらい難しいかについては、感覚が人それぞれなので表現しにくいです。私の感覚では、税金の確定申告と同程度ではないでしょうか（※４）。

「自宅の名義を親から子に変更するような典型的な相続登記であれば、民法や不動産登記法などの前提知識がある程度あれば、確定申告をご自身で行うことができるような方であれば一人でもできるのではと思います。」

※３　民法などの法律に基づき相続人を判断したのと同様に、相続登記の手続を定めた不動産登記法の規定に沿った内容の書類を用意します。

※４　個人で事業等をされている方は、毎年２月から３月にかけて税務署に確定申告をしているでしょう。確定申告の手続も「所得税の申告」という申請内容は同じであっても、申告内容に沿った領収書等の「証拠書類」を各自で準備します。さらに、申告書も用意はされていますが、証拠書類である領収書等に基づいて記載しなければなりません。そして、その記載は会計規則や税法に基づく必要があります。

02 自分で登記できる？　できない？（チェックリスト）

「相続登記って自分でもできるんですか？」

「はい、司法書士（※1）に頼まなくてもできます。ただし相続関係や相続登記の手続を行う人の環境などによっては司法書士に頼んだほうが良い場合もあります。チェックリストを用意したので確認してみてください。」

相続登記の手続は、自分で行うこともできます。もちろん、司法書士に頼んでも構いません。どちらが良いのかはケースバイケースです。

相続登記・自分でできるかチェックリスト

各項目・内容を読み○×?で判定してください。「×」と「?」が3個以上、もしくは太い□に一つでもあれば、まずは、司法書士等の専門家への相談をおすすめします。もし、３つ未満の方（もしくはそれ以上であっても自分で相続登記をしてみたい方）は、第4章以降の内容を参考に相続登記手続を進めてください。

※１　相続登記の専門家です。国家資格者です。

項目	内容		○	×	?
準備	1	平日の日中に法務局や役所に行く時間がある。			
	2	戸籍から相続人が読み取れる（自信がある）。			
	3	不動産登記簿の見方がわかる（自信がある）。			
	4（※2）	相続登記には登記申請書のほかに、ケースによって被相続人の一生分の戸籍や相続人全員の遺産分割協議書など、いろいろな書類が必要であることを知っている。			
被相続人	5	被相続人が亡くなったのは、最近5年以内である。			
	6（※3）	被相続人が亡くなった後に、亡くなった相続人はいない。（例）父の死亡後に、亡くなった子はいない。			
相続人	7	相続人の数は少ない（4人程度：配偶者と子3人など）。			
	8	相続人の中に認知症の方はいない。			
	9	相続人の中に未成年者はいない。			
	10	相続人の中に行方不明者はいない。			
	11	相続人の中に外国籍の方はいない。			
	12	相続人の中に刑事施設にいる方（収監中の方）はいない。			
	13	相続人とは全員連絡が取れる。			
	14	相続人は全員日本在住である（海外在住者はいない）。			
	15	相続人全員が遺産分割協議書の内容に合意している。			
	16（※4）	被相続人が亡くなる前に、亡くなった相続人はいない。（例）父が亡くなる前に、亡くなった子はいない。			

※2　相続登記は、不動産を相続した人が法務局の窓口に登記申請書１枚を提出すればよいわけではありません。それ以外に、被相続人の一生分の戸籍や遺産分割協議書に相続人全員の署名押印が必要になることが多いです。つまり、いろいろな書類を集めたり、相続人全員の協力も必要となり、不動産を相続した人だけで手続を行うことができないことも多いです。手続の概要やイメージがつかめない場合は、相談されることをおすすめします。

※３　数次相続（すうじそうぞく）と呼ばれる事例です。例えば、父（Ａ）の亡くなった後に、子（Ｂ）が亡くなった場合、子（Ｂ）に配偶者（夫や妻）や子（Ａから見れば孫）がいれば、その妻や孫は父（Ａ）の相続手続に参加する必要があります。第５章コラム「私の配偶者は相続人？」（113頁）参照。

※４　代襲相続（だいしゅうそうぞく）と呼ばれる事例です。例えば、父（Ａ）が亡くなる前に、子（Ｂ）が亡くなっており、子（Ｂ）に子（Ａから見れば孫）がいれば、その孫は父（Ａ）の相続人となり、相続手続に参加する必要があります。
６と16は、被相続人の死亡の前・後に被相続人以外の方が亡くなる事例です。似ていますが、相続に関与する人が異なってきます。その判断が難しい場合は、相談されることをおすすめします。第５章コラム「私の配偶者は相続人？」（113頁）参照。

○・×・？の各合計数

分類	番号	項目			
相続財産	17	不動産は一つの市町村のみにある（複数の市町村にはない）。			
	18	不動産は自宅のみである（賃貸物件・別荘・事業用地などはない）。			
	19	私道を所有しているか否かを確認できている。			
	20	不動産以外に預貯金や有価証券など財産はほぼない（銀行口座が２〜３口座程度）。			
登記簿の記載	21（※５）	対象となる不動産の登記名義は、被相続人である。			
	22（※６）	よくわからない古い抵当権や仮登記の記載はない。			
手続	23	遺言で手続を行う際、遺言は自筆証書遺言ではない。			
	24	登記申請の手続は、インターネットや書籍で調べれば理解できた。			
そのほか	25	相続税はかからない。			
	26	「被相続人＝親」・「相続人＝子のみ」・「対象となる不動産＝自宅のみ」である。			
	27（※７）	被相続人は、会社を経営してない。			
	28（※８）	被相続人は、誰かの（連帯）保証人になっていない。			
	29	相続時に住宅ローンはなく、団体信用生命保険（団信）の利用はない。			
	30	家庭裁判所の相続放棄の手続は利用しない。			

※５　対象となる不動産の登記名義が被相続人ではない場合、相談されることをおすすめします。例えば、父が亡くなり、登記名義も父だと思っていたところ祖父や曽祖父のままだったような場合です。

※６　登記簿謄本をよく確認してもらい、相続人の方が把握していない古い抵当権や仮登記が記載されていたら、相談されることをおすすめします。なお、そのほか29のチェックにある団信の利用によって住宅ローンが完済した場合も相続登記のほかに抵当権抹消登記が必要となります。必要に応じてご相談ください。

※７　被相続人が会社を経営していた場合、会社の登記簿に役員（取締役・代表取締役など）として登記されている可能性があり、その登記手続が必要かもしれません。必要に応じてご相談ください。

※８　被相続人が誰かの（連帯）保証人になっていた場合、その保証人としての立場は相続されます。その相続を回避するためには家庭裁判所の相続放棄手続が一つの手段となり得ますが、その手続の前に相続登記を行ってしまうと相続放棄手続が困難になってしまいます。保証人となっている可能性がある場合もしくは不明の場合は、相続登記の前に相談されることをおすすめします。

マンガ　登記は書類が命

なるほど…確定申告ならやったことあります
相談中
カクカク
シカジカ
加えて登記手続きには特有なルールがあるためそれが手続きを難しく感じさせているのかもしれません
ルール？
登記手続きをする際はその前提として、相続や売買などの法的な原因があります
URIMASU
契約
ガ
KAIMASU
それを踏まえて登記手続きをしますが、その時窓口では誰が相続したのか、どんな法的な契約や合意があったかなどの事情をわざわざ質問してくる事はありません
相続した？
登記
YES
そうなんですか？
窓口
登記申請書
そう、提出する書類だけで審査します
なんだ楽なんじゃないですか？
BAN
甘い
逆に日付、番号、金額など文字は正確に間違いなく書く必要があります
これを間違うと修正ややり直しを指示されます

第2章 そもそも相続登記ってなに？

01 相続登記の申請が義務化された経緯

「先生、そもそもなんですけど、なんで最近になって相続登記が義務になったんですか？」

「登記簿と実際の所有者が一致しなくなってしまったからなんです。」

所有者不明の土地の面積は九州と同じくらい!?

２０１７年の国の調査では、登記簿（※１）を見ただけでは所有者がわからない土地が日本全体の約22％あるとわかりました。面積にして九州と同じくらいです。これは一大事です。当時、新聞等でも大きく取り上げられました。

登記簿の記載と実際の所有者が一致しない原因には、不動産の所有者が亡くなった際の登記簿の名義の書き換えが行われていないことがあります。

これまで、不動産の所有者が亡くなっても、登記簿の名義を書き換えるか否かは相続人の自由でした。そのため、さまざまな理由により名義の書き換えを行わない事例が続出し、そ

※１　登記簿には不動産のことが記録されている不動産登記簿・会社のことが記録されている商業登記簿などがありますが、本書では不動産登記簿のことを指します。登記簿は国の帳簿であり不動産の所有者の住所・氏名などが記録されています。

れが不一致の原因の約３分の２（※２）を占めています。

相続登記の義務化

登記簿を見ても所有者がわからない土地のことを「所有者不明土地」と言います。

この所有者不明土地の問題については、これまでも指摘されていたのですが、大きく問題認識されるようになったきっかけは、２０１１年３月11日に発生した東日本大震災の復興事業でした。復興事業の中で、所有者不明土地があったために用地取得などが円滑に進まなかったのです。そこで、所有者不明土地の解消と今後の発生の予防の観点から、登記簿の所有者が亡くなった場合には、その名義を書き換えることが必須となりました。これが、「相続登記の義務化」です。

※２　他の約３分の１は、住所変更後の書き換えがされていないものでした。

02 相続とは・相続のルール

「おじいちゃんが亡くなった時、お父さんやおじさん、おばさんたちが実家は誰が相続するのかの話し合いをしていたのを思い出しました。」

「それは遺産分割協議ですね。遺産分割協議は相続人全員で行う財産分けの話し合いです。」

相続登記の話を始める前に、相続について簡単にお話をしましょう。

相続とは

相続とは、被相続人（亡くなった人）の財産のいっさいがっさい（※1）を承継することです。財産には不動産や預貯金などのほか、借金などのいわゆるマイナスの財産も含まれます。なお、亡くなった人のことを被相続人《ひそうぞくにん》といいます。難しい言い回しですが覚えていただければと思います。そして、不動産をはじめとした相続手続の一般的な流れは図表1の通りです（※2）。

※1　なお、一身専属権（被相続人その人だからこそ持っていた権利）は相続されません。例えば、扶養請求権・生活保護受給権など。

※2　必ずこの流れになるわけではなく、前後したり省略したり、その他の手続が必要なこともあります。

図表1　相続の流れ

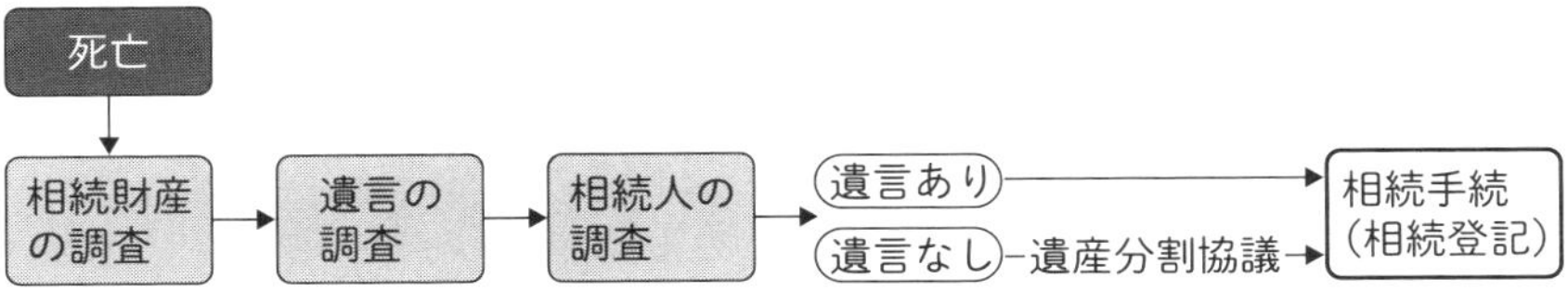

この相続手続の流れは、相続登記の準備の順番とも言えます（※3）。

遺言がある場合は、財産の承継はその内容に従います。それゆえ遺言の調査は大変重要です。途中で遺言の存在がわかれば、それまでの作業が覆ります。

そして、相続財産や遺言の調査と並行してするのが、相続人の調査です。市役所等で戸籍謄本等を取得して行います。相続手続の大きな山場とも言えます。

ポイント

①遺言があれば、その内容に従って相続手続（不動産であれば相続登記）を行う。

②遺言がない場合は、相続人全員の話し合いにより遺産分割協議を行い、その結果に基づいて相続手続（不動産であれば相続登記）を行う。

※3　例えば、不動産を持っていた被相続人が亡くなったときには、被相続人名義の不動産や遺言の調査を行ってから、相続登記の手続を行います。

図表2　相続順位

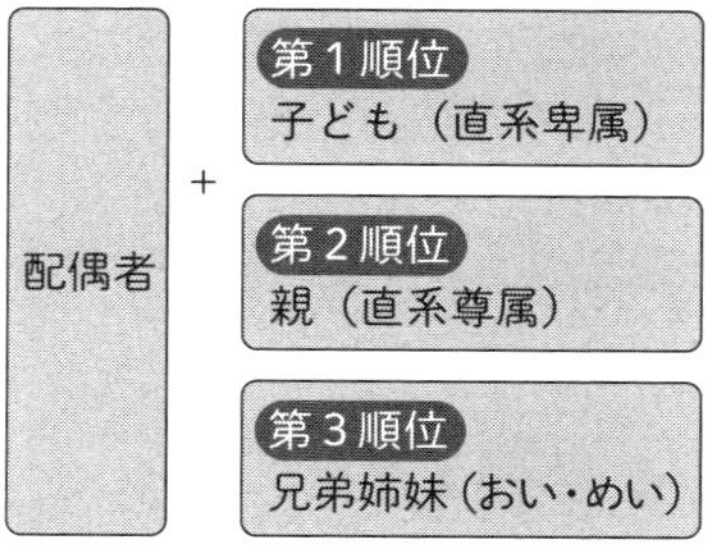

図表3　Aさんの家の相続関係

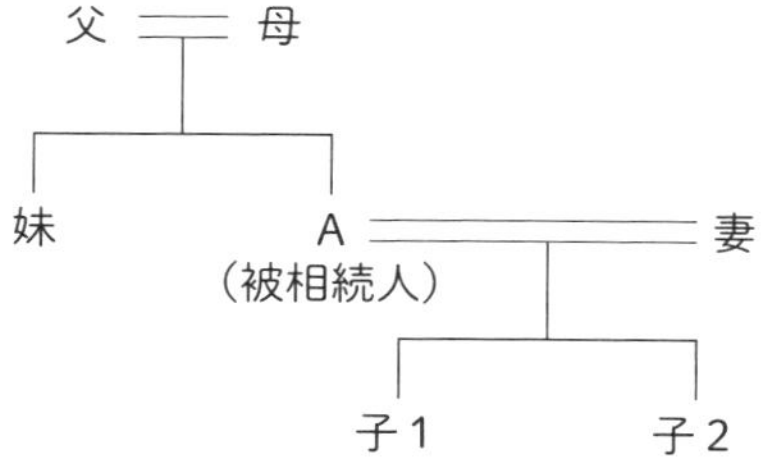

相続のルール

では、次に代表的な相続のルールを見ていきましょう。

ルール1：相続順位・誰が相続人となるのか

相続人は図表2の通りです。

配偶者（夫や妻）がいればその配偶者は常に相続人になります。また、子・父母・兄弟姉妹には第1位〜第3位まで優先順位があり、先順位がいれば後順位の人は相続人にはなれません。

少しややこしいので、事例で考えてみましょう。

Aさんの家は、A・妻・子2人・Aの両親・Aの妹という図表3のような親族関係です。このときAが死亡して相続が生じた場合、Aの相続人は、配偶者である妻と第1順位である子2人になります。一方、子がいなかった場合は、妻とAの両親（第2順位）が相続人となります。さらに、子も両親もいない場合は、妻とAの妹（第3順位）が相続人となります。

ルール2：相続分・相続割合はどのように決まっているか

民法では図表4のように相続分が定められています。これを法定相続分と言います（※4）。

事例のAさんの家だと、妻2分の1、子2分の1の割合になります。そして子は2人いるので、子2分の1をさらに2分1ずつ分けることとなり、子1人分は4分の1となります。

図表4　法定相続分

	配偶者	子ども	親	兄弟姉妹
配偶者＋子ども	1／2	1／2	—	—
配偶者＋親	2／3	—	1／3	—
配偶者＋兄弟姉妹	3／4	—	—	1／4
配偶者のみ	1	—	—	—
子どものみ	—	1	—	—
親のみ	—	—	1	—
兄弟姉妹のみ	—	—	—	1

ルール3：遺産分割協議

遺産分割協議とは、相続人全員による被相続人の財産分けに関する話し合いです。遺産分割協議の内容は、ルール2の法定相続分より優先されます。例えば、ある相続人の相続割合をゼロにすることもできます。事例のAさんの家で、子がある場合に、妻がすべて取得し、子の相続割合をゼロと定めれば、妻が不動産等のすべての財産を取得することになります。ポイントは、**相続人全員参加による合意**という点です。これが、相続登記に大きな影響を与えます。

※4　法定とはいっても、必ずこの相続割合で相続しなければならないわけではありません。相続人全員の話し合いである遺産分割協議で自由に変更できます。一方、遺産分割協議や遺言がない場合は、法定相続分に従います。

ルール4：遺言

遺言では、相続順位や法定相続分とは異なった内容を定めることや、相続人以外の人を相続財産の承継者に定めることができます。例えば、「生前お世話になった山田さんに不動産を承継させたい」と遺言があれば不動産の権利は山田さんが取得することになります（※5）。

「簡単に相続のルールについてみてきました。民法では誰が相続人となり、相続割合がどのくらいかなどが定められています。ただし、実際に不動産などの財産を承継する人やその割合は、遺言や遺産分割協議よって変わってくることがあります。」

ポイント

①亡くなった人のことを被相続人という。
②相続は、被相続人の財産のいっさいがっさいを承継すること。
③財産を承継する人は遺言や遺産分割協議によって定まる。
④遺言や遺産分割協議がない場合は、法定相続人が財産を承継する。
⑤遺産分割協議は、相続人全員の合意によって行う。

※5　一定の相続人には遺留分という権利があり、一定の財産を相続できなかった場合は、金銭的な補償を受けることができます。

03 不動産登記とは

「毎年、市役所から固定資産税の納税通知書が来ますが、不動産の名義は市役所が管理しているんじゃないんですか？」

「不動産の名義は、国の役所である法務局で管理しています。固定資産税の納付書の宛先が自分でも、登記簿上は違うことはよくあります。市役所と国の管理は別モノです。」

相続登記は不動産登記の一種類です。まずは不動産登記から解説します。

不動産登記とは

不動産とは、宅地や田畑・山林、自宅や会社・工場などの土地や建物を言います。不動産は社会生活に密着しているので、国・都道府県・市町村の各役所がそれぞれの目的から把握しています。例えば、税金や道路・農地の管理といった具合です。

法務局は、登記簿という帳簿で不動産の所有権など、権利関係の管理をします。

登記簿には、不動産の所有者（所有権者）の住所と氏名が記載（※1）（※2）されます。この中で、不動産登記とは、法務局が不動産の名義を管理をする手続で、相続登記はそのひとつです。不動産登記で管理する権利関係には、所有権のほか、住宅ローンに関する抵当権などもあります（※3）。

「不動産に関係が深い書類として、市役所など（※4）から送られてくる固定資産税の納税通知書や、市役所で取得できる評価証明書があります。しかし、これらの書類はあくまで固定資産税に関するものです。したがって、そこに『不動産所有者』と記載されていても、かならずしも登記簿の所有者とは限りませんので注意してください（※5・6）。」

※1　登記簿への記載を「登記する」「登記されている」と言います。
※2　登記簿に登記されている人を登記名義人と言います。所有者なら所有権登記名義人です。
※3　所有権・抵当権のほかに根抵当権、賃借権、差押などの登記があります。
※4　東京都は都税事務所など地域により異なります。
※5　不動産の所有者は後でお話しする登記簿謄本で確認する必要があります。
※6　納税通知書の欄外等には「この書面は所有権を証明するものではありません」などの記載があることが多いです。

04 不動産登記のルール

「ふーん、相続登記は不動産登記の一つなんですね。」

「不動産登記にはルールがあるので知っておきましょう。」

ルール1：当事者が申請をする

登記簿には不動産の所有者の住所と氏名が登記されます。不動産を売ったり相続したりして所有者が変われば、その記載を変更することができます。しかし、当事者からの申請がなければ、基本的に法務局（国）は登記簿を勝手に書き換えません。例えば、売買によって所有者が変更されたとしても、当事者からの申請がなければ、売主名義から買主名義に自動的に変わることはありません。これは不動産登記の大原則です。相続登記の申請は義務とされていますが（※1）が、申請がなければそのままです。

この当事者が申請をするというルールにより、当事者が登記を申請しない場合、登記簿上

※1　売買や贈与といった相続以外の名義書換の登記申請は義務ではありません。

の所有者と実際の所有者とが一致していない事態が起こります（※2）。

ルール2：一足飛びの登記はできない

登記簿は**履歴簿の役割**も持っています。登記簿上の所有者を一致させたい場合には、その経緯を登記します。一足飛びの登記は認められません。例えば、登記簿上の所有者がAである不動産を順次AからB、BからCに売却し、現在の所有者がCだったとします。この場合に登記簿上の所有者をAからCに変更したければ、まず中間のBを登記した後にCの登記をしなければなりません。Bを飛ばしたAからCへの登記のことを中間省略登記といい、これは禁止されています。

そして、この中間省略登記は相続登記でも原則として認められていません。例えば、自分が父から相続した不動産の名義が祖父のままとなっている場合（※3）、祖父から直接自分への相続登記は原則としてできません。

図表　中間省略登記の禁止

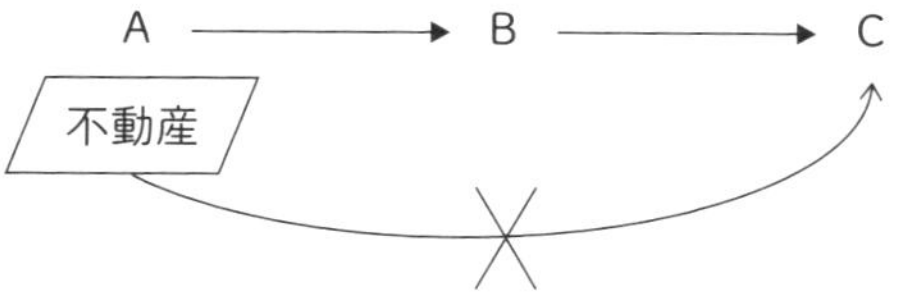

※2　ちなみに売買された不動産の登記簿上の所有者が売主のままであっても売買は成立しています。

※3　2024（令和6）年4月1日より前は相続登記も義務ではなかったため、登記名義が先代のままになっていることがあります。

ポイント

①登記簿は法務局で管理している。
②相続登記を担当する役所は法務局。
③固定資産税の通知書に記載されている不動産所有者が登記簿の所有者とは限らない。
④所有者が変更されても自動的に新所有者の名義に変更されることはない。
⑤登記簿には所有者の住所と氏名が登記されているが、現在の所有者と一致しているとは限らない。
⑥登記簿には履歴簿の役割もあり、中間省略登記は認められない。

05 相続登記とは

「相続登記はいつまでに行う必要があるのですか？」

「多くの場合、相続があった日から3年以内と思って問題ないと思います。ただ、ケースにもよりますから、相続関係が複雑で不安な場合は、早めに専門家に相談するといいですよ。」

相続登記とは

法務局で管理されている登記簿には、不動産の所有者の住所と氏名が登記（記載）されます。登記簿上の所有者が亡くなった場合、相続人が自ら「自分が不動産を相続しました」と法務局に申請します。この**登記簿の所有者を被相続人（亡くなった人）から不動産を相続した相続人の名義に変更する登記申請**のことを**相続登記**（※1）といいます。原則として必ず行わなければならない手続（※2）として、**義務化されています。**

※1　正しくは、相続を原因とした所有権の移転の登記と言います。

※2　後で出てくる相続人申告登記という制度もあります。

相続登記の義務の内容と5つのポイント

不動産登記法では、相続登記の義務を規定しています（※3）。ただ、条文は複雑なので、ざっくりと「相続があった時から3年以内に、不動産を相続した人が相続登記をしなければならない」と考えていただければ大丈夫です。14頁のAさんの家の場合、Aさんが亡くなって、妻が相続したとすれば、妻はAさんが亡くなってから3年以内に自分（妻）が相続したとする相続登記をしなければならないということです。

以下，相続登記のポイントを挙げます。

ポイント1：相続登記の義務者

相続登記の義務は、相続によって不動産を取得した相続人にあります。相続によって不動産を取得した相続人とは、次のような人です。

①遺言によって不動産を取得した相続人。
②遺産分割協議によって不動産を取得した相続人。
③遺言がなく、かつ、期間内に遺産分割協議がない場合（※4）は、相続人全員。

※3　不動産登記法第76条の２及び第76条の３
※4　事情によって相続人全員による遺産分割協議が整わない場合を含みます。

ポイント2：2024（令和6）年4月1日（義務化）前の相続

相続したのが相続登記の義務化前である2024（令和6）年4月1日前でも、義務規定の適用があります。例えば、30年前に登記簿の所有者が亡くなっており、今まで相続登記をしていなかった場合、この義務化によって相続登記を申請する必要があります。

ポイント3：相続登記をしなければならない期間

不動産登記法では、相続登記は相続人が「所有権を取得したことを知った日から3年以内に」申請しなければならないと、やや回りくどい表現で書かれています。**相続があった日から3年以内に相続登記をする必要がある**と考えれば、多くの場合は問題にならないでしょう（※5）（※6）。

ポイント4：ペナルティ（過料）

相続登記の義務を果たさない場合は、過料といって金銭的なペナルティを課される可能性があります（※7）。

ポイント5：相続人申告登記

期間内に相続登記ができない場合は、相続人申告登記という制度があります。ポイント1

※5　コラム②「「相続があった日から3年」とは？」（27頁）参照。

※6　2024年4月1日より前に相続した不動産は、2027年3月31日までにする必要があります。

※7　10万円以下の過料とされています。

③にあるように、遺言がなく、遺産分割協議がない場合は、相続人全員に相続登記の義務が生じます。とはいえ、後でお話しするように相続登記の手続自体が複雑なこともあります（※８）。そこで、相続登記より簡便で、相続人が個別に相続登記の義務を果たせる制度として相続人申告登記があります（※９）。

※８　相続登記は、遺言での手続きを除き相続人全員に関する書類が必要で、相続人全員の関与が求められます。詳しくは第４章（81頁〜）。

※９　相続人申告登記と相続登記の違いについては第６章Ｑ３（126頁）。

コラム①

法改正・制度改正が目白押し

相続登記の義務化は所有者不明土地の対策の一つです。ただ、対策はそれだけでありません。所有者不明土地の発生の予防、そして土地利用の円滑化の観点から、相続した土地を手放し国に帰属させるための制度（相続土地国庫帰属制度）や、共有制度の見直し、遺産分割のルールの見直し、相続人申告制度の新設、住所変更登記の申請の義務化、所有不動産記録証明制度の新設などが行われました。それらの法改正は、２０２３年４月から段階的に実施されることとなっています。

なお、昨今の社会情勢の変化は目まぐるしいものがありますが、それと同様に相続に関する法改正も相次いでいます。大きなものだけでも自筆証書遺言の方式緩和、相続に伴う預貯金の払戻し制度の新設、遺留分制度の見直し、特別の寄与の制度や配偶者居住権の新設、法務局での自筆証書遺言の保管制度や法定相続情報制度の新設などがあります。ウェブなどで情報を取得する際は、法改正が相次いでいるという点は頭の片隅に置かれていると良いと思います。

コラム②

「相続があった日から3年」とは？

相続登記の義務は不動産登記法第76条の2及び第76条の3に規定されています。ご興味があればご一読いただければと思いますが、かなり複雑です。ただ、きっと法案作成者も意図して複雑にしたのではなく、相続登記を義務化するにあたって「相続があったときから3年くらいの間に相続登記をしてほしいな」との思いで条文作成を始めたのだと思います。

とはいえ相続の事情は千差万別でさまざまな事情が想定されます。そのため「相続があった日から3年以内」と単純な規定にしてしまったら、それこそ相続登記の義務を果たそうにも果たせない人が続出します。例えば、被相続人と全く疎遠の相続人は、そもそも被相続人が亡くなったのどうかを知るすべがありません。そのような場合も「相続があった日から3年」などと規定されていたら、疎遠の相続人の多くは法律違反状態になりかねません。

このように相続では、相続人が多数であったり、さまざまな事情から相続関係が複雑であったりして、被相続人に相続があったとしてもすぐに自分がその相続人であることを把握することができないこともあり得るため、複雑な規定になってしまったのだと思います。

そのため、一緒に住んでいた夫が亡くなり、同居の家族で遺産分割協議ができるような場合は、「相続があった日から3年以内に相続登記をしなければいけないね」と理解しておいて大きな間違いはありません（※10）。

このように、いずれにしても「相続があった日から3年」が一つのキーワードとなります。

※10　本文では相続開始から３年以内に遺産分割協議も行えることを前提にしていますが、遺産分割協議が相続開始後３年以内にまとまらなかった場合は、いったん、相続があった日から３年以内に相続人申告登記か相続人全員の名義で相続登記を行い、その後、遺産分割協議が行われてから３年以内にその遺産分割協議の結果に基づく相続登記を申請しなければなりません。ただ、このように事情が複雑化し、条文を厳格に適用しなければならないようなときは少なくとも「相続があった日から３年以内」（もしくは事情を知ってから３年以内）に専門家の力を借りる場面だと言えます。

マンガ① 司法書士選びは慎重に

マンガ②　抵当権ってなに？

マンガ③ 相続登記の意義

第3章

登記簿・遺言の確認からすべてがはじまる！

01 登記簿謄本の重要性

「相続登記のイメージはだいたいわかりました。遺産分割協議書などが必要なんですよね？　そのほか必要な書類はありますか？」

「ちょっと待ってください。相続登記の最初の準備は、登記簿謄本の確認と遺言書の確認です。そういえばこんなことがありましたよ。」

相続登記の義務化や相続登記について知って、「早速、遺産分割協議書の作成など相続登記の準備に取りかかろう」と思われている方は、しばしお待ちください。登記簿謄本は確認しましたか？　遺言書は確認しましたか？　確かに登記簿謄本や遺言書の確認は面倒ですよね。ただ、その確認をしていないがために…ということがあります。

ケース　登記簿謄本の確認をしていなかったために…

とあるご相談の事例をお話しします。

相談者

「先生、父（太郎）が亡くなったんで、自宅の相続登記をお願いしたんですけど。」

「わかりました。相続人の方とのお話し合いはできていますか？」

相談者

「はい。相続人は、母（花子）と長男である私（一郎）と弟の二郎なんですけど、私が相続することになりました。正直言って弟とはあまり仲良くないのですが、丁寧に説明して今回限りということで遺産分割協議書を作ってそこにハンコをもらってきました。もう大変でしたよ。」

「それは大変でしたね。いろいろお調べいただいているようですが、ご自身で相続登記の手続はしないのですか？」

相談者

「それも考えたんですけど、弟にも書類にハンコを押すのは今回限りなんて言われているし、間違えることはできないので、最後は専門の人に頼んじゃおうと思って。」

「そうなんですね。ちなみに、法務局のウェブサイトでは相続登記の小冊子もダウンロードできますけれど、挑戦してみますか？」

相談者

「いえ、今回は先生におまかせします。」

「わかりました。それでは、書類を用意しましょう。まずは、ご自宅の登記簿の内容をインターネットで確認しますね（※1）。どれどれ、えーっと…、あれ？」

相談者
「先生、どうかしましたか？　古いボロ家だから価値もあまりないでしょう。」

「いえ、そうではありません。登記簿には値段は書いてないですからね。それより、登記簿の所有者はお父様のお名前（太郎）ではないようですよ。」

相談者
「え？　あー、おじいちゃんの名前（大五郎）だ。この地所は祖父の代から使っているんですよ。とはいえ、固定資産税もずっと父親が払っていましたし、父親の兄弟であるおじやおばも他に住んでますから大丈夫ですよ。」

「そうなんですね。ただ、相続登記では大丈夫じゃないんですよ。固定資産税の通知がお父様名義で届いていたとしても、登記簿の所有者とは関係がないんです。だから、おじい様の相続登記が必要です。」

相談者
「じゃ、それもお願いします。」

「おじい様の相続登記ということは、お父様の相続人だけでは手続ができないんです。おじい様の相続人である、おじさん、おばさんのご協力も必要です。場合によってはおばあ様の相続人の協力も必要です。」

※1　インターネットで登記簿謄本と同じ内容の情報を確認することができます。詳細は第３章03

「そうなんですかあ。おじいちゃんの兄弟は5，6人いたんじゃないかな。それに亡くなっている人もいるなあ。」

「亡くなっている場合は、その子どもたちが相続人になります。」

「いやー、それは困ったな。あまり付き合いのない親戚もいるので。市役所から来ている固定資産税の宛名が父親（太郎）でもダメなんですね。」

「はい、残念ながら。ちなみに……おじい様の相続登記が必要ということは、おじい様の相続に関する遺産分割協議書が必要になります。つまり、いまお父様の相続に関する遺産分割協議書をご準備いただいていると思いますが、それでは足りないということです。」

「えっ、弟からももう一回遺産分割協議書にハンコをもらう必要があるということですか。」

「ご事情はお察ししますが、そのようになります。」

相談例では、相続人は、自宅が先祖代々受け継いできた地所にあること、固定資産税の通知書の宛名が父であることなどから、当然、自宅の名義は父であると思いこんでいたようで

図表　関係図

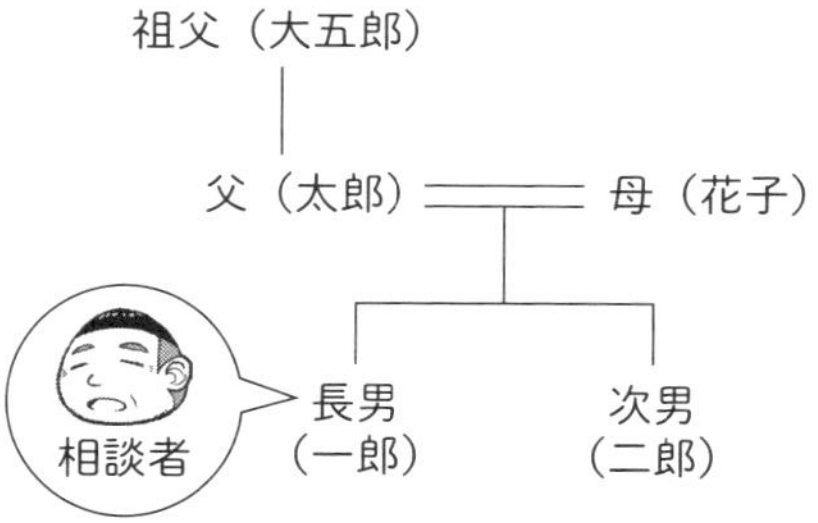

す。ただ、固定資産税の通知書の宛名と登記簿の名義は関係がありません（※2）。また、登記簿は履歴簿の役割を持っています（※3）。自宅の登記簿上の所有者が祖父（大五郎）であれば，その相続を無視することはできません。つまり、父（太郎）の相続だけではなく祖父（大五郎）の相続についても準備をしなければなりません。

このように、登記名義が異なれば準備する相続登記の内容も異なります。登記名義の確認を行わなかったために、一から準備をやり直すことになりかねません。最終的に手続が完了すればまだ良いです。相続手続は相続人全員の協力が必要なので、関係性によっては「やり直しの手続に協力してもらえない」という事態が起きても不思議はありません。

「相続登記のスタートは登記簿上の所有者の確認です。その登記簿上の所有者を確認するために相続登記は登記簿の確認から始めてください。」

※2　第２章03（17頁）
※3　第２章04（19頁）

遺言の確認の重要性

相続登記のスタート地点の確認という意味では、**遺言の確認**も重要です。なぜなら、被相続人は遺言によって自宅などの相続方法を決めることができるからです。そして、相続人は基本的にその内容に従う必要があるのです。例えば、先の例で「自宅は母・花子に相続させる」という内容の遺言があれば、そもそも弟・二郎はおろか、兄・一郎も自宅を相続できないことになります。

ポイント

・相続登記の準備は、登記簿の確認と遺言の確認から行う（※４）。

※４　登記簿の確認と遺言の確認はどちらが先でも構いません。

02 登記簿謄本の見方

「相続登記のスタートは登記簿上の所有者の確認なんですよね。その登記簿上の所有者は登記簿謄本のどこを見ればいいのですか?」

「権利部・甲区（所有権に関する事項）に記載されています。所有者だけ確認するのではなく、できれば権利部・乙区（所有権以外に関する事項）も確認してみてください。」

登記簿謄本には、不動産の所有者が記載されます。ここでは相続登記に必要となる記載を中心に、登記簿謄本の見方をご紹介します。

登記簿謄本には土地と建物がある

登記簿謄本にはいくつか種類があります。まず、土地と建物に分けることができ、建物はさらに建物と区分建物に分かれます。建物は一戸建て、区分建物は、マンションや団地など、一つの大きな建物の中にいくつもの家があるような建物です。二世帯住宅を区分建物と登記

図表1　登記簿の種類

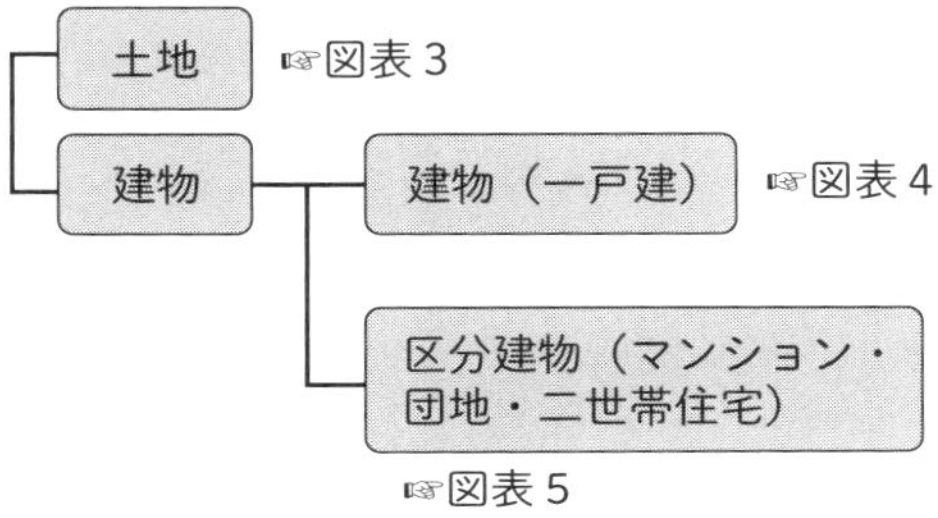

することもあります。例えば、自宅が一戸建ての場合、**土地と建物のそれぞれの登記簿謄本を確認する必要があります。**

登記簿謄本の構成

どの種類の登記簿謄本も、表題部・権利部甲区・権利部乙区（※1）の3部構成です。

表題部には、地目や地積、構造や床面積など物理的な状況が記載されています。そのため、表題部の見た目は記載項目の違いにより土地・建物・区分建物で異なっています。

一方、権利部甲区・権利部乙区はともに権利部と言われ、所有権や抵当権といった権利関係について登記されます。そのうち、権利部甲区は所有権（※2）について、権利部乙区は所有権以外の権利について記載されます。権利部の記載項目は土地・建物・区分建物ともに同じです。

さらにオプションで共同担保目録を付けられます。共同担保目録とは、平たくいえば、「住宅ローンなどの借入金のカタに取られている（担保に入っている）不動産のリスト」です。

※1　権利部甲区・乙区はないこともあります。
※2　権利部甲区にはほかに差押や仮差押なども記載されます。

図表２　登記簿謄本の構成

	内容	項目
表題部	物理的な状況	土地・建物・区分建物で異なる
権利部甲区	所有者の住所・氏名（共有の場合は持分） ☛下線が引かれていない差押には要注意	共通
権利部乙区	住宅ローンなどの抵当権の登記 ☛下線が引かれていない古い抵当権には注意	
共同担保目録	登記簿謄本を取得する際にオプションで付けることができる担保に入っている不動産のリスト	

土地は地番・建物は家屋番号

普段の生活においては、不動産を特定するためには一般的に住所を使います。しかし、登記では、その住所とは異なる番号を（土地＝地番、建物＝家屋番号）使用しています。それらは表題部に記載されます。登記簿謄本を取得する場合、地番や家屋番号を指定します。

所有者は権利部甲区に

不動産の所有者は権利部甲区に記載されます。土地・建物・区分建物すべて同じです。所有者の情報として住所と氏名が記載され、共有の場合は持分（※３）が登記されます。この記載が思っていた所有者と異なっていた場合（※４）は、司法書士に相談しましょう。

「引っ越しや婚姻で住所・氏名が変更されている場合、相続登記はできますが、相続登記の申請時に追加の書類が必要な場合があります。」

※３　コラム①「持分には分数計算が必要なことも」（46頁）参照。

※４　父の名義だと思っていたのに祖父の名義だった場合など。

図表３　登記簿のイメージ（土地）

千葉県八千代市大和田新田123－45

表題部（土地の表示）	調製	平成11年10月21日	不動産番号	1234567890123
地図番号	余白	筆界特定	余白	
所　在	八千代市大和田新田字…		余白	
① 地番	② 地目	③ 地積　　㎡	原因及びその日付〔登記の日付〕	
123番45	宅地	132 : 25	123番６から分筆 〔昭和51年８月12日〕	
余白	余白	余白	昭和63年法務省令第37号附則第２条第２項の規定により移記 平成11年10月21日	

権利部（甲区）（所有権に関する事項）			
順位番号	登記の目的	受付年月日・受付番号	権利者その他の事項
1	所有権移転	平成５年８月５日 第12345号	原因　平成４年11月１日相続 所有者　八千代市大和田新田… 埴　輪　幸　子 順位４番の登記を移記
	余白	余白	昭和63年法務省令第37号附則第２条第２項の規定により移記 平成11年10月21日
2	所有権移転	令和５年９月16日 第54321号	原因　令和５年９月16日売買 所有者　東京都大田区… 土　偶　勝　子

権利部（乙区）（所有権以外の権利に関する事項）			
順位番号	登記の目的	受付年月日・受付番号	権利者その他の事項
1	抵当権設定	令和５年９月16日 第54323号	原因　令和５年９月16日保証委託契約に基づく求償債権同日設定 債権額　金2,440万円 損害金　年14％ 債務者　東京都大田区… 土　偶　勝　子 抵当権者　東京都港区… 縄文トラスト保証株式会社 共同担保　目録（え）8000号

共同担保目録			
記号及び番号	（え）第8000号	調製	令和５年９月16日
番号	担保の目的である権利の表示	順位番号	予備
1	八千代市大和田新田字…　123番45の土地	1	余白
2	八千代市大和田新田字…　123番19の土地 土偶勝子持分	12	余白
3	八千代市大和田新田字…　123番20の土地 土偶勝子持分	12	余白
4	八千代市大和田新田字…　123番21の土地	12	余白

※下線のあるものは抹消事項であることを示す。　　　整理番号　A12345

図表４　登記簿のイメージ（建物）

千葉県船橋市柴山１丁目23－４

<table>
<tr><td colspan="2">表題部（主である建物の表示）</td><td>調製</td><td>平成11年10月21日</td><td>不動産番号</td><td>3210987654321</td></tr>
<tr><td>所在図番号</td><td colspan="5">余白</td></tr>
<tr><td>所　在</td><td colspan="2">船橋市柴山一丁目23番地４</td><td colspan="3">余白</td></tr>
<tr><td>家屋番号</td><td colspan="2">23番４</td><td colspan="3">余白</td></tr>
<tr><td>① 種類</td><td>② 構造</td><td>③ 床面積　㎡</td><td colspan="3">原因及びその日付〔登記の日付〕</td></tr>
<tr><td>居宅</td><td>木造瓦葺２階建</td><td>１階　62 93
２階　44 71</td><td colspan="3">昭和54年６月30日新築</td></tr>
<tr><td>余白</td><td>余白</td><td>余白</td><td colspan="3">昭和63年法務省令第37号附則第２条第２項の規定により移記
平成11年10月21日</td></tr>
</table>

権利部（甲区）（所有権に関する事項）			
順位番号	登記の目的	受付年月日・受付番号	権利者その他の事項
１	所有権保存	昭和54年６月30日 第12345号	所有者　船橋市柴山一丁目５番６号 土　器　光　男 順位１番の登記を移記
	余白	余白	昭和63年法務省令第37号附則第２条第２項の規定により移記 平成11年10月21日
２	所有権移転	令和５年９月16日 第54321号	原因　令和５年１月16日相続 所有者　千葉県船橋市柴山一丁目５番６号 土　器　千　晴

図表５　登記簿のイメージ（区分建物）

東京都荒川区北日暮里３丁目1234－５－603

専有部分の家屋番号	1234－５－101～1234－５－102　1234－５－201～1234－５－207 1234－５－301～1234－５－308　1234－５－401～407 1234－５－501～503　1234－５－601～1234－５－603

表題部（一棟の建物の表示）	調製	余白	所在図番号	余白
所在	荒川区北日暮里三丁目　1234番地５	余白		
建物の名称	アーバン北日暮里	余白		

① 構造	② 床面積　㎡	原因及びその日付〔登記の日付〕
鉄筋コンクリート造陸屋根 ６階建	１階　128：78 ２階　263：73 ３階　271：25 ４階　271：25 ５階　200：56 ６階　166：97	〔平成20年４月８日〕

表題部〔敷地権の目的である土地の表示〕				
① 土地の符号	② 所在及び地番	③ 地目	④ 地積　㎡	登記の日付
1	荒川区北日暮里三丁目1234番５	宅地	487：84	平成20年４月８日

表題部（専有部分の建物の表示）			不動産番号	5678901234567
家屋番号	北日暮里三丁目1234番５の603		余白	
建物の名称	603		余白	
① 種類	② 構造	③ 床面積　㎡	原因及びその日付〔登記の日付〕	
居宅	鉄筋コンクリート造 １階建	６階部分　48：47	平成20年２月28日新築 〔平成20年４月８日〕	
表題部（敷地権の表示）				
① 土地の符号	② 敷地権の種類	③ 敷地権の割合	原因及びその日付〔登記の日付〕	
1	所有権	111366分の5095	平成20年４月２日敷地権 〔平成20年４月８日〕	
所有者	埼玉県所沢市○○○株式会社××コーポレーション			

権利部（甲区）（所有権に関する事項）			
順位番号	登記の目的	受付年月日・受付番号	権利者その他の事項
1	所有権保存	平成20年５月30日 第11111号	原因　平成20年５月30日売買 共有者　荒川区北日暮里三丁目１番２－603号 持分5220分の2720 土　器　花　子 荒川区北日暮里三丁目１番２－603号 持分5220分の2500 花田土器男

※下線のあるものは抹消事項であることを示す　整理番号K12345

図表6　休眠担保の登記簿例

権利部（乙区）（所有権以外の権利に関する事項）			
順位番号	登記の目的	受付年月日・受付番号	権利者その他の事項
1	抵当権設定	明治32年12月21日 第633号	原因　明治32年12月14日借用証書 債権額　金617円50銭 利息　無利息 抵当権者　○○郡○○町○○番地 縄　文　太　郎 共同担保　登記第31号の土地 順位１番の登記を移記
	余白	余白	昭和63年法務省令第37号附則第２条第２項の規定により移記 平成13年２月７日

権利部乙区も確認しよう。休眠担保には要注意

住宅ローンに関する抵当権などは、権利部乙区に記載されます。登記簿は履歴簿となっており、過去の所有者の住宅ローンに関する抵当権の登記が記載されていることも多いです。下線（アンダーライン）が引かれていればその抵当権の登記の効力はありません（※5）。完済前の住宅ローンに関する抵当権には、下線は引かれません。

自分が借りた住宅ローンではなく、かつ、よくわからない内容にもかかわらず**下線が引かれていない抵当権**はありませんか。すでに返済は終わっているものの明治・大正時代の先代や先々代の借金に関する抵当権がそのまま放置されているような登記、いわゆる休眠担保があるかもしれません。休眠担保であれば、そのままにしておいても相続登記は可能で、休眠担保に関する登記手続は、相続登記の義務化の対象にはなりません。ただ、今後の不動産取引に大きく影響してきま

※5　抹消事項と言います。

す。さらに、休眠担保か否かの判断も難しいです（※６）。そのため、よくわからない抵当権があった場合は、放置しないほうが良いでしょう。

そのほかの主なルール・権利部甲区の差押などにも要注意

効力がない事項には下線が引かれると前述しました。ただ、権利部甲区の所有権者については、前の所有者であっても（すでに所有者ではなくても）下線は引かれません。ただし、住所や氏名が変更しその変更登記をしている場合は、変更部分に下線が引かれます。

また、権利部甲区に記載されている差押・仮差押・仮登記など登記は抹消した部分に下線が引かれます。そのため、休眠担保と同様、権利部甲区に自身が把握しておらず、かつ下線が引かれていない差押・仮差押・仮登記などの登記がある場合は要注意です。

※６　コラム②「所有者以外にも確認すべきこと・休眠担保とは」（47頁）参照。

コラム①

持分には分数計算が必要なことも

不動産の共有の場合、それぞれの持分が記載されます。一方、単独で所有している場合は、持分は記載されません。ただし、複数回にわたって持分を取得し、結果として単独所有になっている場合は、少し事情が異なります。

例えば、当初単独所有していた不動産を父が子に1／3ずつ3回に分けて贈与したような場合です。この場合、子は結果として単独で所有していることになりますが、持分が記載されます。なぜなら、登記簿は履歴簿の役割があり、父から子には3分の1ずつ持分が贈与されていますから、子の持分について持分3分の1を3回に分けて記載することになります。そして、子が単独で所有していることを理解するためには登記簿の記載を読み取って「1／3＋1／3＋1／3」との持分の計算をする必要があります。

一方、父の持分を理解するためには分数の引き算が必要です。もともと単独で所有していたので持分は記載されていません。しかし、1回目の贈与をしたことにより子の持分が3分の1と記載されたので、1回目の贈与後の父の持分は「1－1／3＝2／3（※7）」と計算します。2回目も同様に「1－1／3－1／3＝1／3（※8）」と計算します。このように複数回にわたって持分を取得したり譲渡したりした場合は、登記簿をさかのぼって確認の上、持分を計算する必要があります。持分の計算は事例によっては複雑になることもよくあります。なお、持分の贈与を繰り返す例としては、相続対策として行う生前贈与などがあります。

※7　$1-\frac{1}{3}=\frac{2}{3}$

※8　$1-\frac{1}{3}-\frac{1}{3}=\frac{1}{3}$

コラム②

所有者以外にも確認すべきこと・休眠担保とは

第3章01では、遺産分割協議書の作成を先走ってしまった事例をご紹介しましたが、続きがあります。

（もう一回遺産分割協議書にハンコをもらう必要があることがわかり……）

「追い打ちをかけるようで大変恐縮なのですがここの権利部乙区をご覧ください。実は、おじい様の大五郎さんが個人の方から借入をしています。それ自体は問題ないのですが、その時の抵当権の登記がそのままになっています。今もご返済などをしてますか？」

「いえ、そのようなことはないですし、何か通知とか手紙とかも来てないですね。」

「借入額が登記されているのですが、その金額からしてすでに完済されていてもおかしくないと思います。おそらく、抵当権の登記だけ残ってしまっているのではないかと思います。ただ、抵当権を消す登記は、抵当権者の協力が必要です。抵当権者は個人の方ですが、ご存じですか？」

「知りません。知らないとどうなりますか？」

「調べる必要があります。もし、亡くなっていたらその相続人の方全員と連絡を取る必要がありますし、わからなければ供託手続や裁判手続なども検討する必要があります。」

いわゆる休眠担保です。休眠担保も所有者だけで抵当権の登記を抹消することはできず、原則として抵当権者の協力が必要です。ただ、時が経過しているため協力を得るのは困難です。供託や裁判などの手続きが必要となる場合も多いでしょう。

もちろん、休眠担保があっても直ちに所有権に影響があるものではありません。しかし、将来的にその不動産を売却したいと思ったとき、休眠担保が原因でスムーズに売却できない可能性があります。そもそも引き続き放置をしていても状況が悪くなるだけで解決することはありません。

そのほか、よく忘れられるのが、権利部甲区にある贈与の仮登記や仮差押などです。共通して言えるのは、権利関係に直ちに影響を与えないものの、放置しておいても解決しない点です。

登記簿謄本を確認する場合は、所有者だけではなく権利部甲区・乙区をしっかり確認しましょう。

03 登記簿謄本を取得するには

「実際に登記簿上の所有者を確認してみようと思います。登記簿謄本の取得方法を教えてください。」

「いくつか方法はありますが、法務局の窓口での取得が最も確実です。ただ、登記簿謄本の取得漏れには気を付けてくださいね。」

では、実際に登記簿謄本を取得してみましょう。登記簿謄本は全国のどの法務局でも（※1）取得することができます。また、法務局に行かなくてもウェブを使って登記簿謄本と同じ内容を確認することもできます（※2）。それぞれの取得方法についてご紹介します。

登記簿謄本の取得方法

登記簿謄本の取得方法は次の通りです。

※１　一部データ化されていない登記簿謄本があり、それはその不動産を担当している法務局でしか取得できません。

※２　第３章01の事例（32頁）では、司法書士が事務所からウェブを使用して登記簿謄本と同じ内容を確認しています。

図表1　登記簿謄本の取得方法

		費用	メリット	デメリット	おすすめ度
法務局	窓口	1通600円	窓口の人に相談できる	平日のみしか開庁していない	◎
	郵送	1通600円＋郵送費	自宅で請求できる	記載不備で返却されることもある	△
インターネット		1通331円	平日・夜間・土日祝でも取得できる 安い	使用方法には多少慣れが必要	○
近くの司法書士事務所		実費＋相談料	色々教えてもらえる	費用がかかる可能性がある	○

法務局の窓口で取得する方法

最も確実な方法です。登記簿謄本を取得するには、地番や家屋番号が必要です。また、慣れていないと登記簿謄本の内容の読み取りは難しいです。窓口であれば、わからないことはすぐ聞くことができます。

なお、全国どこの法務局も内部システムでつながっているため、最寄りの法務局で全国の登記簿謄本が取得できます。ただ、住所しかわからない場合、その不動産を管轄（※3）する法務局でしか地番や家屋番号を案内できません。また、管轄の法務局であればイレギュラーの場合（※4）も対応がスムーズです。そのため、可能な限り管轄の法務局の窓口を利用すると良いでしょう。

法務局に郵送請求して取得する方法

登記簿謄本の請求書を法務局のウェブサイト等で取得して、そこに必要な事項を記載し、収入印紙と返信用封筒を同封の上、郵便で請求する方法です。法務局の開

※3　法務局には担当エリアが決まっており、管轄と言います。

※4　データ化されていない登記簿謄本の取得や、マンションや団地などで複雑な登記簿謄本の対応など。

庁時間を気にせずに自宅から請求できます。一方、申請書への記載が誤っているとそのまま返却されてしまうこともあります（※5）。登記簿の内容を確認するだけであれば、ウェブを利用した方法で内容を確認したほうが便利な場合あります。

ウェブを利用して登記簿の内容を確認する方法

一般財団法人民事法務協会が提供している**登記情報提供サービスを利用する方法**です。法務局で取得する登記簿謄本と同一の内容を確認することができます（※6）。最大のメリットは、自宅等ですぐに登記簿の内容を確認することができる点です。法務局が閉まっている平日の夜間や土日も取得することができます（※7）。

ただし、利用者情報やクレジットカードの登録が必要であり、使い方には多少慣れも必要です。そのため、あまり不動産登記手続自体になじみがない方や取得画面のウェブページを見てもよくわからないような場合は、法務局の窓口に行くほうが早いかもしれません。

近くの司法書士事務所で登記簿の内容を確認してもらう

法務局が遠い場合は、近くの司法書士事務所で登記情報提供サービスを利用して確認してもらうこともできます。司法書士であれば、内容なども説明してくれるでしょう（対応の可否や費用等は事前にご確認ください）。

※5　確認の電話を入れてくれることもありますが、それも平日の開庁時間です。

※6　取得できる情報は「登記情報」と言い、厳密には登記簿謄本とは違うのですが、登記簿の内容の確認という点では、同じと考えて差し支えありません。

※7　午前8時30分～午後11時（土日祝日午後6時）。図面は平日のみ。詳しくは、登記情報提供サービスのホームページで確認してください。

登記簿謄本の申請書（図表2）

必要事項を記入のうえ、収入印紙を貼って窓口に提出します。

収入印紙は1通600円です（※8）。主に記載する箇所は、「申請者の住所・氏名（※9）」「土地・家屋の所在・地番・家屋番号」「通数」「共同担保目録の有無」です。

土地の地番・建物の家屋番号とは

登記簿謄本を取得するには、「土地の地番」や「建物の家屋番号」が必要です。住所では登記簿謄本を取得することができません。地番や家屋番号は、登記済証や登記識別情報（※10）、固定資産税の課税明細書や評価証明書などで確認できます。書類がなかったり、あったとしてもよくわからなければ、法務局の窓口で相談しましょう。

登記簿謄本の取得漏れには要注意！（取得する際に気を付けること）

一戸建ての場合は「私道」、マンションの場合は「集会所」の持分に注意してください。

自宅が一戸建ての場合、土地と建物の登記簿謄本をそれぞれ確認する必要があります（※11）が、取得する登記簿謄本は土地1通、建物1通とは限りません。

特に**土地には要注意**です。なぜなら、自宅の建物が建っている土地が**登記上は複数の筆に分かれていたり**、自宅が建っている土地のほかに**私道を所有**（※12）していることがあるか

※8　法務局内や法務局の近くに印紙売場があることが多いです。

※9　相続人に限らずだれでも取得することができます。印鑑も不要です。

※10　コラム③「登記済証と登記識別情報」（62頁）参照。「権利証」とも言います。

※11　第3章02（38頁）参照。

※12　私道は持分のこともあります。

図表２　登記簿謄本の申請書

不動産用　登記事項証明書 / 登記簿謄本・抄本　交付請求書

※太枠の中に記載してください。

窓口に来られた人 （請　求　人）	住　所	収入印紙欄
	フリガナ 氏　名	

※地番・家屋番号は，住居表示番号（○番○号）とはちがいますので，注意してください。

種　別（✓印をつける）	郡・市・区	町・村	丁目・大字字	地　番	家屋番号又は所有者	請求通数
1□土地						
2□建物						
3□土地						
4□建物						
5□土地						
6□建物						
7□土地						
8□建物						
□財団（□目録付） 9□船舶 □その他						

※共同担保目録が必要なときは，以下にも記載してください。
次の共同担保目録を「種別」欄の番号＿＿＿＿番の物件に付ける。
□ 現に効力を有するもの　□ 全部（抹消を含む）　□（　）第＿＿号

※該当事項の□に✓印をつけ，所要事項を記載してください。

□ 登記事項証明書・謄本（土地・建物）
専有部分の登記事項証明書・抄本（マンション名＿＿＿＿＿＿＿＿）
□ ただし，現に効力を有する部分のみ（抹消された抵当権などを省略）

□ 一部事項証明書・抄本（次の項目も記載してください。）
共有者＿＿＿＿＿＿＿＿＿＿に関する部分

□ 所有者事項証明書（所有者・共有者の住所・氏名・持分のみ）
□ 所有者　□ 共有者＿＿＿＿＿＿＿＿

□ コンピュータ化に伴う閉鎖登記簿
□ 合筆，滅失などによる閉鎖登記簿・記録（昭和/平成＿＿年＿＿月＿＿日閉鎖）

収入印紙

印紙

収入

印紙

（登記印紙も使用可能）

収入印紙は割印をしないでここに貼ってください。

交付通数	交付枚数	手数料	受付・交付年月日

（乙号・1）

らです。

また、マンションや団地の場合、自宅のほかに**集会所**や**事務所**の持分を所有していることがあります。私道などの土地や集会所を見落としてしまうと、登記簿謄本を取得できないだけでなく、見落とした土地や集会所ついて**相続登記もできなくなってしまいます**。

そのため、**登記簿謄本の取得漏れ**には要注意です。まずは、登記済証や登記識別情報、固定資産税の課税明細書や評価証明書をよく確認してください。そこに自身で把握していない地番や家屋番号が記載されていたら、一戸建てであれば複数の土地や私道、マンションであれば集会所を所有している可能性があります。

登記済証などがないこともあります。そのときは、一戸建てであれば建物と土地の登記簿謄本を見比べてみてください。建物の床面積に対して土地の地積が小さいような場合は、土地が複数に分かれている可能性があります。また、自宅に接している道路が私道の場合は、建物が建っている土地のほかに私道の登記簿謄本が必要かもしれないことを念頭に置いておくとよいと思います。そのうえで、共同担保目録や公図の確認を組み合わせることで、登記簿謄本の取得漏れを防ぐようにしてください。登記簿謄本の内容を確認してみて、少しでも疑問に思ったら、法務局の窓口や司法書士に相談するようにしてください。

図表３　要注意な「土地」・「集会所」

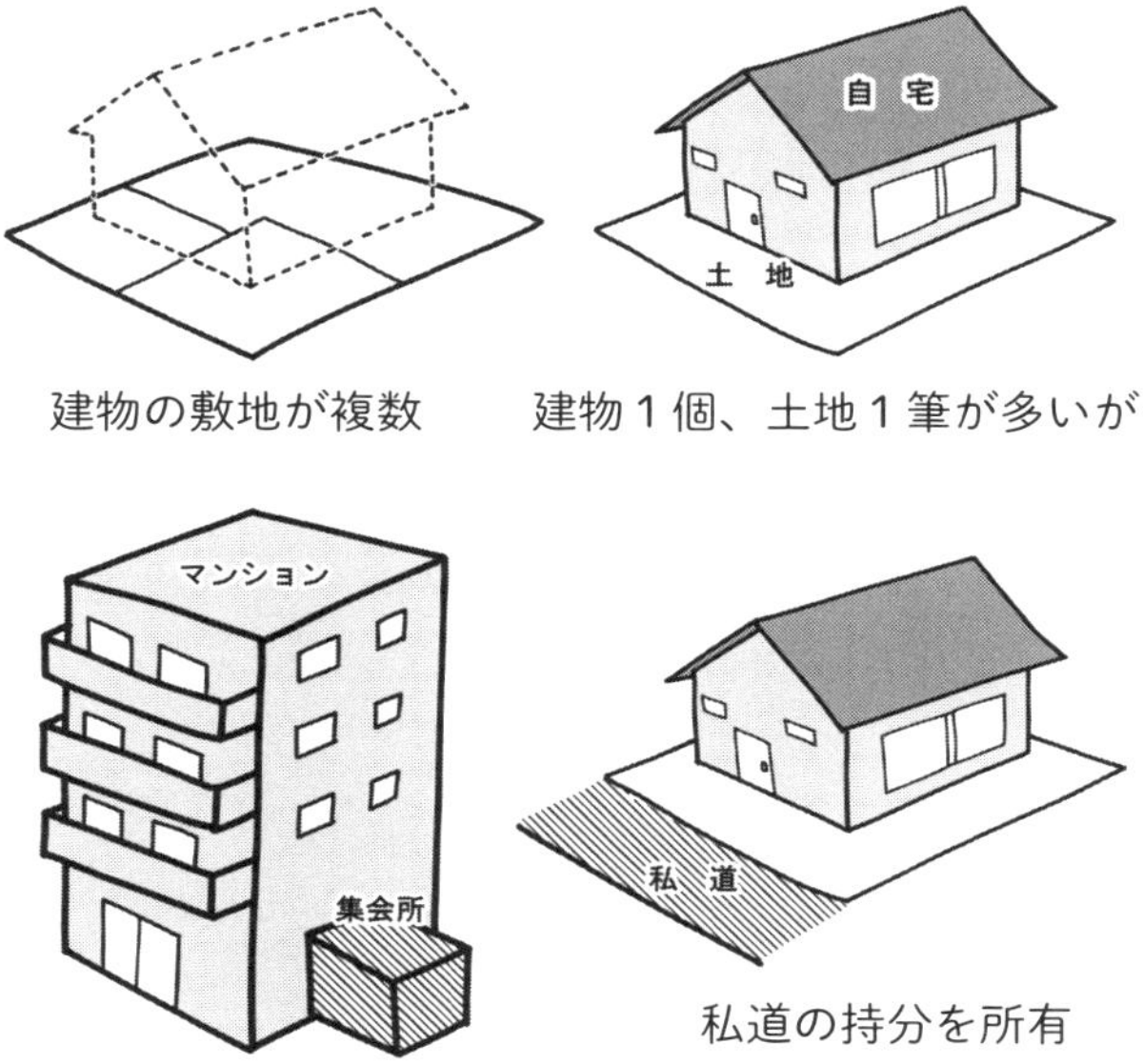

建物の敷地が複数

建物１個、土地１筆が多いが…

私道の持分を所有

集会所の持分を所有

ポイント

①土地は登記上複数の筆に分かれていることがある。

②一戸建ての場合、自宅の建っている土地のほか、私道を所有していることがある。

③マンションや団地の場合、自宅のほかに「集会所」や「事務所」の持分を所有していることがある。

④地番・家屋番号は、登記済証・登記識別情報、固定資産税の課税明細書・評価証明書で確認できる。

共同担保目録と公図は調査の強い味方！　取得漏れをしないために

共同担保目録（※13）や公図は、登記簿謄本の取得漏れを防ぐ強い味方です。住宅ローンなどの借り入れの際、自宅の土地や建物が担保に入ります。そして、私道やマンションの集会所や事務所の持分を所有していれば私道や集会所なども担保に入ります。共同担保目録とは、それら担保に入った不動産のリストです。この共同担保目録の中に自身で把握していない土地や建物が記載されていればそれらの不動産も所有している可能性があります。また、公図とは、土地の地番が記載されている地図のようなものです。例えば一戸建ての場合、取得した土地の登記簿謄本の面積が小さいようであれば、公図を見て隣の土地の登記簿謄本を取得するようにします。

登記簿謄本と共同担保目録や公図を組み合わせて確認することで、登記簿謄本の取得漏れの防止に役立ちます。なお、共同担保目録は、登記簿謄本の申請書の該当部分にチェックを入れることで取得します（※14）。また、公図は登記簿謄本の申請書とは別の様式の申請書によって取得します。

わからないことは専門家に

自宅の登記簿謄本くらい法務局に行けば簡単に取れるだろうと思ってしまいます。実際、地番・家屋番号がわかっていれば、申請書を窓口に提出するだけで登記簿謄本は取得できま

※13　図表３（41頁）参照。
※14　共同担保目録のみでは取得できません。必ず登記簿謄本と一緒に取得します。

図表４　公図のサンプル

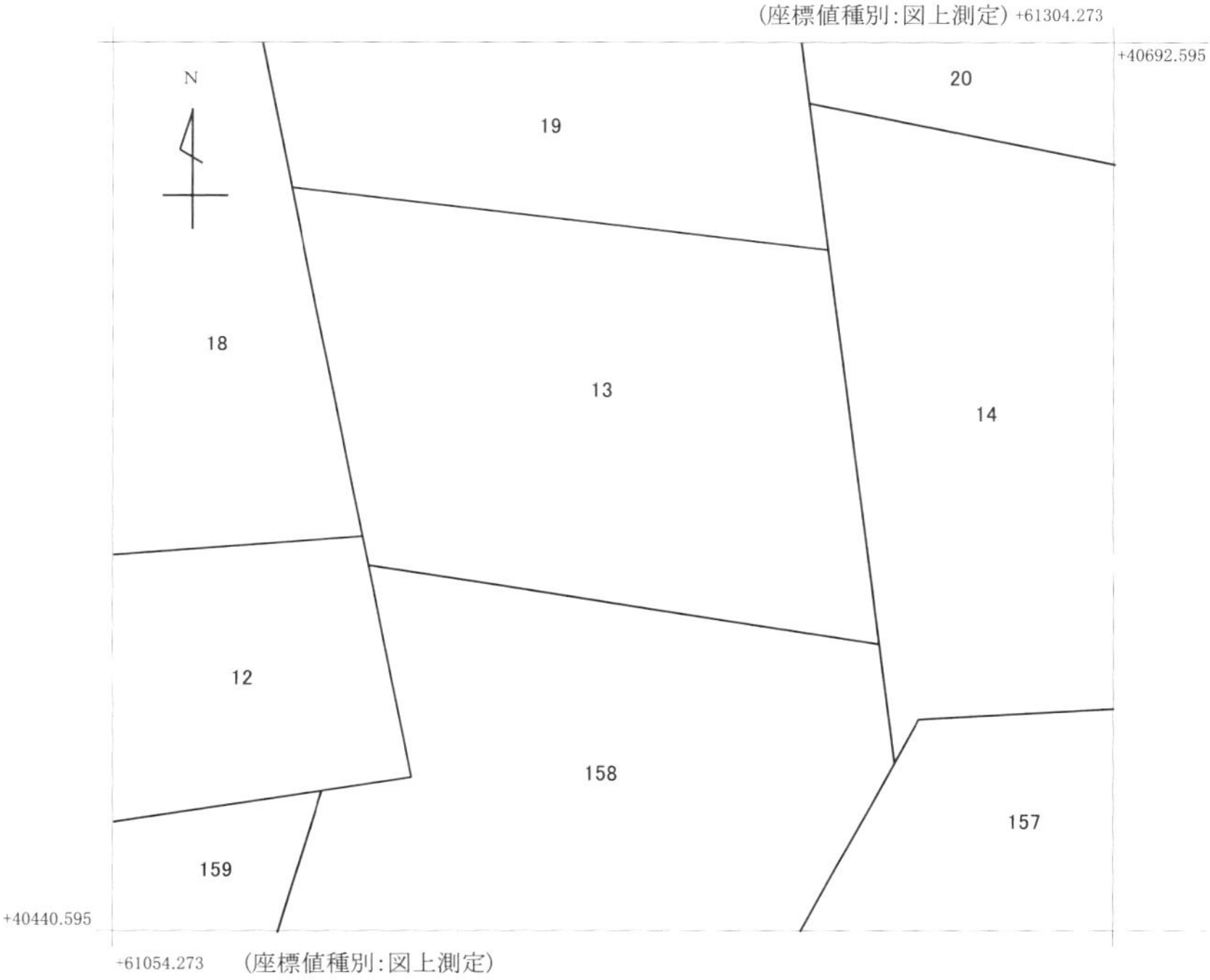

請求部分	所在	何市区郡何町村大字何字何					地番	13番	
出力縮尺	1/500	精度区分	甲二	座標系番号又は記号	IX	分類	地図（法第14条第1項）	種類	法務局作成地図
作成年月日	平成○年○月○日			備付年月日（原図）	平成○年○月○日		補記事項		

これは地図に記録されている内容を証明した書面である。

平成　年　月　日
法務局　出張所
登記官

電子公印

出典：盛岡地方法務局ホームページ

すのでそこまで難しいことはありません。

ただし、当たり前のことですが申請書に記載されていない地番・家屋番号の登記簿謄本は交付してくれません。例えば、私道や集会所の持分に気が付かずに申請書に私道の地番や集会所の家屋番号を記載していなかったとしても自宅の登記簿謄本を取得したのだから、私道や集会所の登記簿謄本も一緒に交付してくれればいいじゃないかとも思ってしまいますが、法務局側でもどの土地や建物が自宅とセットなのかは把握していません。そのため、私道や集会所の持分の所有の有無、私道や集会所の地番・家屋番号は自身で調査をする必要があります（※15）。たかが登記簿謄本の取得なのですが、不明な土地や建物を探し出すのは思った以上に大変です。

※15　コラム①「たかが登記簿謄本、されど登記簿謄本」（59頁）参照。

コラム①

たかが登記簿謄本、されど登記簿謄本

地番・家屋番号がわかっていれば、申請書を窓口に提出するだけで登記簿謄本を取得できます。しかし、わからない場合は、いろいろな方法で地番や家屋番号を調べなければなりません。

まず、「ブルーマップ」と呼ばれる住所と地番のどちらも記載されている特殊な住宅地図で地番を調べます。それによって判明した地番の土地の登記簿謄本を取得します。その際、抹消事項を含む共同担保目録を付けて取得します。共同担保目録は、住宅ローンの担保となっている不動産リストなので、土地が担保に入っていれば建物の記載もある可能性が高いからです。建物が記載されていれば、その家屋番号で建物の登記簿謄本を取得します。

また、抹消事項を含む共同担保目録とするのは、それを不動産リストとして活用するためなので、すでに完済している住宅ローンであっても構わない、さらに言えば、自身の住宅ローンではなく前所有者の住宅ローンの共同担保目録であっても構わないためです。そして共同担保目録には、自宅の土地や建物のほかに私道やマンションであれば集会所などが記載されていることもあります。この私道や集会所は自身で把握できていないことがあり、共同担保目録は登記簿謄本の取得漏れを防ぐ点でも強力な武器です。

一方、ブルーマップで地番を調べて取得した土地に共同担保目録が付いていない場合はどうでしょうか。まず、建物です。探し方にはいろいろな方法がありますが、地番を手掛かりに建物の登記簿謄本の取得を試してみるのも良いでしょう。

例えば地番が100番1の場合、家屋番号も100番1のことが多くあります。それで建物の登記簿謄本が取得できればよいですが、必ずしも取得できるとは限りません。地番と家屋番号が一致していないこと、もしくは、そもそも建物の登記がされていないこともありえます。

建物の登記は法律上の義務ですが、実際は登記されていない、いわゆる未登記建物も存在します。建物が実際に存在するにもかかわらず家屋番号がわからないために建物の登記簿謄本が取得できない場合は、被相続人が持っていた登記済証や固定資産税に関する名寄帳を今一度確認の上、それでもわからない場合は、司法書士に相談してください（※16）。

また、ブルーマップの調査で土地の登記簿謄本は取得できたとしても、取得した土地以外に私道などの土地を持っている場合があります。そのため、被相続人が持っていた登記済証を確認したり、登記済証がない場合は、固定資産税に関する名寄帳や公図の確認が重要です（※17）。

ただ、誰の所有であるかは登記簿謄本を取得してみないとわかりません。そのため、公図をみて、土地の形などから私道かもしれないと当たりを付けて登記簿謄本を取得してみます。私道にはいろいろな形態があり、一筆を共有していることもあれば、細かく分筆して各土地を単独で所有していることもあります。細かく分筆してある場合は、すべての登記簿を確認してみないと所有者は判明しません（※18）。

いずれにしても、地番・家屋番号がわからなかったり、私道やマンションの集会所の所有の有無がはっきりしなかったりする場合は、調査が必要になってきます。

※16　名寄帳とは各市町村が固定資産税の課税のために作成している所有者ごとの不動産リストです。共同担保目録と同様、相続財産を調査するための強力な武器となります。

※17　公図は法務局で取得できる地図のようなもので、その地図上に地番が記載されています。

※18　登記簿謄本だと費用がかかってしまうため、「要約書」という書面やインターネットの登記情報提供サービスで「所有者事項」という情報を活用することで、費用を抑えながら所有者を確認できます。

コラム②

同じ書類に名称が２つ？

ＤＸ化が進んでいます。法務局や市町村役場などの行政手続も例外ではありません。物事がＤＸ化するとそれに対応する用語も変化します。

例えば登記簿謄本もその一つです。

そもそも謄本とは、全部の写し（コピー）という意味です。登記簿は現在、電子化されているのですが、ひと昔前は紙の帳簿で管理されていました。その紙の帳簿の写しを謄本と言っていました。つまり、登記簿謄本とは、紙の帳簿である登記簿の全部の写し（コピー）という意味です。

その点、現在、電子化されている登記簿のデータを見るためには、データを写す（データをコピー機でコピーする）ということはできないので、紙に出力する形式になります。ということは、それはコピー機でコピーしたものじゃないから謄本じゃないよね、別の名称が必要だね、ということで「全部事項証明書」とされました。このように、登記簿の管理が紙から電子に変わったために登記簿謄本の名称を変更したわけです。

ただし、現在でも「全部の内容を証明してください」という意味で登記簿謄本とも言います。つまり、登記簿謄本も全部事項証明書も指しているものは同じものと言えます。

これは、市町村役場で取得する戸籍謄本も同じです。「戸籍の全部を証明してください」という意味で戸籍謄本とも、戸籍全部事項証明書とも言います。同じものです。

なお、一部の写しのことを抄本《しょうほん》と言います。例えば戸籍の一部の写しであれば、戸籍抄本です。そしてＤＸ化の現在は、一部事項証明書とも言います。そのため「戸籍の一部の内容を証明してください」という意味で戸籍抄本とも一部事項証明書とも言い、同じものを指しています。

コラム③

登記済証と登記識別情報

登記済証も登記識別情報も不動産の名義を取得した際に法務局から交付される書類です。権利証というとピンとくる方もいるかもしれません。役割はどちらも同じで、交付された後の登記手続の際に本人確認書類として使用します。

登記済証も登記識別情報のどちらにも、被相続人が所有していた土地の地番や建物の家屋番号が記載されています。そのため、相続登記の準備をする際には、被相続人が持っている登記済証や登記識別情報を確認することにより、被相続人が所有していた土地の地番や建物の家屋番号の確認をすることができます。

従前は登記済証が交付されていましたが、法改正により２００５年から２００８年にかけて順次法務局から交付される書類が登記済証より登記識別情報に変わりました。２００８年７月以降はすべての法務局で登記識別情報が交付されています。

例えば、被相続人が2000年に自宅を購入し登記をした場合、被相続人は登記済証を持っています。一方、2010年に自宅を購入し登記をした場合、被相続人は登記識別情報を持っています。登記簿謄本では「受付年月日・受付番号」欄を確認してください。そこに記載の受付年月日を法改正の日（2005年～2008年）に当てはめることによって被相続人が持っている書類が登記済証か登記識別情報かがわかります。

登記識別情報は、コンピュータ印刷なので見やすいです。一方、登記済証は和紙で作成され、登記申請を担当した司法書士の手書きのことも多く、年代が古いと読みにくいこともしばしばです（※19）。

※19　なお、相続登記を申請することにより相続人は不動産の名義を取得することになるので、相続人の氏名が記載された新たな登記識別情報が交付されます。そして、被相続人の登記済証や登記識別情報は今後使用することはありません（法務局への返却等の必要もありません）。

マンガ①　全部事項証明書と登記簿謄本

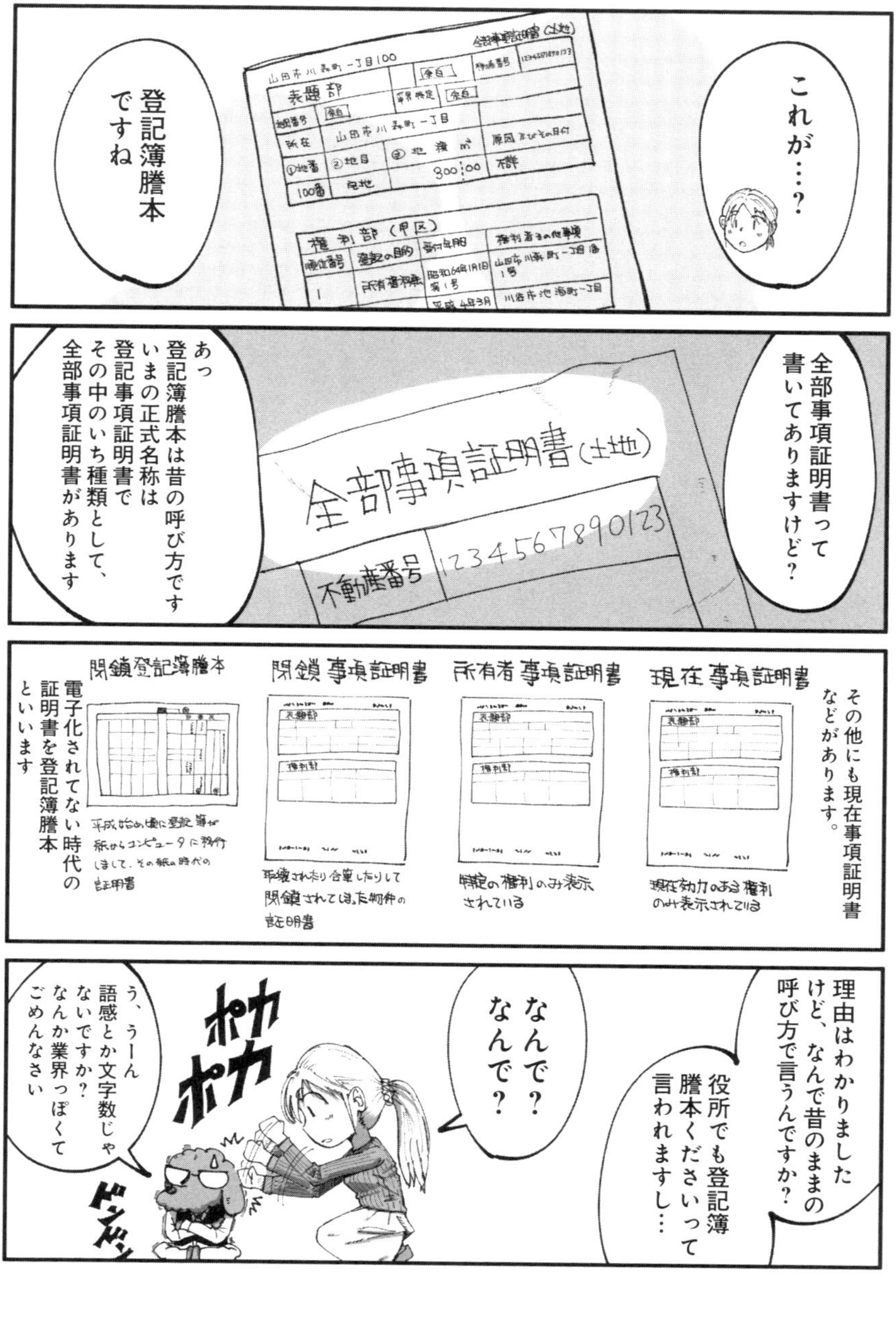

マンガ②　地番・家屋番号がわからないケース

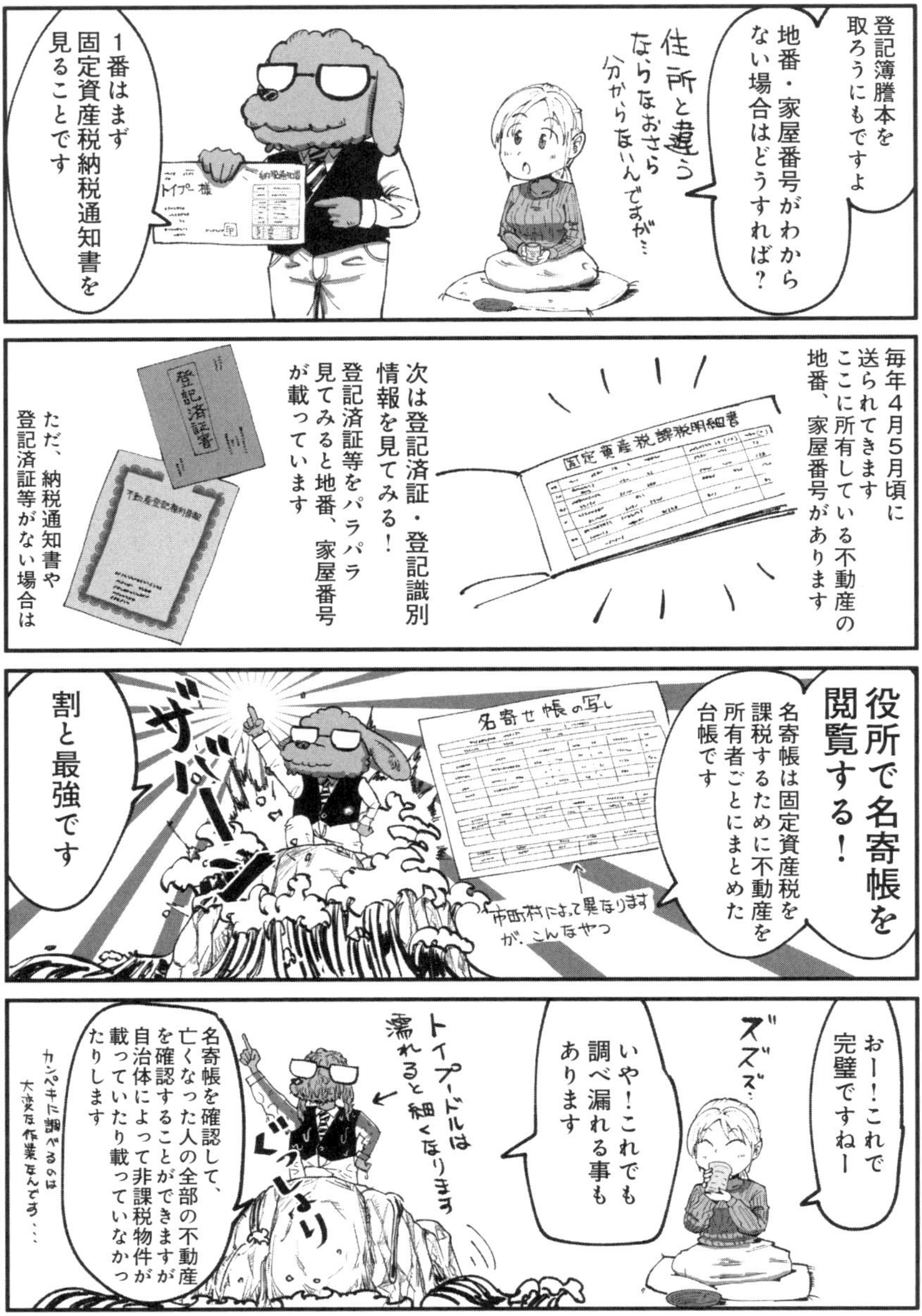

04 遺言を確認しよう

「亡くなった父が遺言を作っていたかどうかそもそもわかりません。」

「公正証書遺言であれば公証役場で調査できますし、自筆証書遺言であっても、法務局の遺言書保管制度を利用していれば法務局で調査できます。」

登記簿謄本の確認と同様、遺言の作成の有無やその内容の確認も相続登記の準備として重要です。

遺言の確認の重要性

遺言とは、被相続人の生前の意思が記載された書面です（※1）。売買契約書や贈与契約書などの書面に法的な効力があるように、法律に従って作成された遺言には法的な効力が生じます。例えば、被相続人が所有する不動産について遺言を作成していれば、原則としてその不動産の相続手続はその遺言に基づいて行われます。もし遺言を無視して（遺言書の存在

※1　適法な遺言には法的な効力があり遺書とは違います。

図表１　遺言の図

		検索	検認	メリット	デメリット
公正証書遺言		○	不要	・公証人が作成しているので確実な内容 ・検認不要ですぐに手続できる	・費用がかかる
自筆証書遺言	遺言書保管制度利用あり	○	不要	・あまり費用をかけずに作成できる ・改ざんの心配がない ・検索ができる ・検認が不要である	・法務局での手続が手間 ・法務局では内容の確認は行われないため法的に不備がある可能性がある ・検認が不要といっても遺言書情報証明書の取得に相応の手間がかかる
	遺言書保管制度利用なし	×	必要	・いつでも作成できる ・費用はかからない	・法的に不備のある内容の可能性がある ・相続人に見つけてもらえない可能性がある

を知らずに後日発見された場合を含む）相続手続を行った場合、後日、遺言によって権利を得た人から相続手続のやり直しを求められる可能性もあります。そのため、相続手続を行う前に遺言の有無を確認し、遺言があった場合はその内容を確認します。

遺言の種類

遺言の多くは「公正証書遺言」と「自筆証書遺言」の２種類です。そして、自筆証書遺言は、法務局の自筆証書遺言書保管制度を利用したものと利用していないものに分けられます。

各遺言のポイントは次の通りです。

公正証書遺言

公正証書遺言は、公証人が遺言者（遺言

をしたい人）の依頼によって作成した遺言です。公証人は法律の専門家であることから、一般的に公正証書遺言であれば法的な問題がないものとして、相続登記などの手続を行います。

主なメリットとしては、「検索が容易」「検認（けんにん）が不要」が挙げられます。

遺言は、当然ながら遺言者が亡くなった後に使用するので、「遺言が見つからない」「そもそも作成しているかどうかもわからない」ということもあります。公正証書遺言であれば、その原本が公証役場に保管されているため、遺言の有無を検索してもらえます。それで遺言を作成していたことが確認できれば、遺言書の（再）交付（遺言書の謄本の交付）をしてもらえます。

もう一つのメリットは、検認（※2）が不要なことです。検認には時間がかかり（1～2か月程度）ます。さらに、そもそも検認を申し立てるために戸籍等を集める必要があり、手間がかかります。その点、公正証書遺言であれば速やかに相続手続を始められます。

一方、デメリットとしては、公証人に対する費用が生じること、公証人との事前の打ち合わせなどが必要なため、すぐには作成できないことなどがあります（※3）。

ポイント

①公証人が作成するため、法的な問題が起こりにくい。

※2　検認とは、遺言者が亡くなった後に行う家庭裁判所での遺言書の確認手続です。公正証書遺言は原本が公証役場に保管され改ざんの心配はありません。そのため、確認手続である検認が不要です。

※3　なお、公正証書遺言を作成すると、遺言者に正本と謄本という2通の遺言書が交付されます。どちらも同一の内容が記載されており、少なくとも相続登記の場合は、どちらの遺言書でも手続は可能です。

②原本が保管され、後日の検索が容易であり、紛失しても遺言書の再交付が可能。
③改ざんされる心配がないため検認が不要。
④費用がかかる。
⑤相続登記では、正本でも謄本でも手続は可能。

自筆証書遺言

自筆証書遺言は自分で書く遺言です。紙とボールペンと印鑑があれば、すぐに作成できます。当然、費用もかかりません。メリットとデメリットは公正証書遺言と対照的です。すなわち、メリットは、思い立ったときにすぐ作成でき、費用もほとんどかからないこと、また、誰にも知られずに作成できることです。一方、デメリットは法的な問題が生じる可能性がある点です。作成方法が法律の規定に従っていなかったり、不動産の記載方法が誤っていたり、記載している内容が不適切になりがちです。そうすると、効力が認められず、遺言による相続手続ができないかもしれません（※４）。

もう一つのデメリットとして、亡くなった後に誰にも遺言書を見つけてもらえない、原本をなくした場合、探しようがないということがあります。改ざんされてしまったり、隠されてしまったりする可能性もあります。

※４　法的な問題があると、遺言者が思っていたような結果を得ることができず、遺言を作成した意味がなかったということにもなりかねません。

そのほか、遺言者が亡くなったあとに遺言書を使用する前に家庭裁判所の検認の手続が必要になります。これも手間や時間などがかかります（※５）。

ポイント

①いつでも作成することができ、費用もかからない。
②法的な問題によって遺言者が思ったような結果が得られないことがある。
③後日の検索ができない（遺言書保管制度では回避）。
④検認が必要（遺言書保管制度では回避）。

法務局の自筆証書遺言書保管制度

自筆証書遺言では、遺言書を失くしたり、見つけることができなかったり、改ざんされてしまったり隠されてしまったりする恐れがあります。また、遺言書を使用する前に検認の手続が必要です。このような不都合に対応するために、２０２０年７月10日から法務局で自筆証書遺言を保管する自筆証書遺言書保管制度が始まりました（※６）。

※５　なお、後述する法務局の自筆証書遺言書保管制度を利用することにより、遺言書を見つけてもらえない点や、検認の手続についてのデメリットを防ぐことができるようになりました。

※６　以下、本書内では自筆証書遺言書保管制度のことを遺言書保管制度ということもあります。

遺言書を探そう

相続登記では、公正証書遺言であれば正本か謄本、遺言書保管制度を利用していない自筆証書遺言であれば原本が必要です。それらを預かったり保管していたりする場所を知っていれば良いですが、そうでなければ、思い当たるところ探してみてください。私（筆者）の経験では、不動産の登記済証などの重要書類の保管場所、仏壇の引き出し、金庫の中などが多いようです。なお、銀行の貸金庫もあり得ますが、この場合、銀行の相続手続が必要となります。それでも見つからない場合は、念のため次の遺言の検索システムを使って確認すると良いでしょう（※7）。

公正証書遺言の検索

公正証書遺言のうち、１９８９年以降に作成したものは、相続人は遺言者が亡くなった後、公証役場で遺言の有無を検索できます。手数料は無料です。この検索で遺言が見つかった場合は、遺言を保管している公証役場に対して公正証書遺言の（再）交付を請求できます。そして、その再交付された遺言書によって相続登記の手続ができます。

自筆証書遺言の検索

遺言書保管制度を利用している自筆証書遺言の場合、法務局で検索できます。ただし、こ

※7　ただし、検索システムが利用できるのは、公正証書遺言と遺言書保管制度を利用した自筆証書遺言のみです。

図表２　検索の図

	費用	時期	見つかったら
公正証書遺言	無料	平成元年以降	公正証書遺言の謄本を交付してもらいその謄本で相続手続をする。
自筆証書遺言保管制度	800円	2020年（令和２年）７月10日以降	・法務局で遺言書情報証明書の交付請求を行う。 ・遺言書情報証明書が取得できたらその証明書で相続手続をする。

図表３　遺言書保管事実証明書と遺言書情報証明書

	費用	内容	取得したら
遺言書保管事実証明書	800円	法務局で遺言を保管しているかどうかの確認。	保管していることが判明した場合は遺言書情報証明書を取得する。
遺言書情報証明書	1,400円	遺言の内容を確認できる。	取得したら相続手続ができる。

遺言書保管事実証明書を取得 ─┬─ 遺言あり ──→ 遺言書情報証明書を取得
　　　　　　　　　　　　　　└─ 遺言なし

の制度は２０２０年７月10日から始まった制度で、今のところ利用数は限られています。

相続人（※８）は、遺言者が亡くなった後、法務局で遺言の有無を検索できます。検索結果として遺言書保管事実証明書が交付されます。手数料は１通８００円です。この遺言書保管事実証明書は保管の有無の証明です。仮に保管されていた場合は、別途、遺言書情報証明書（１通１４００円）を交付してもらいます。この遺言書情報証明書によって自筆証書遺言の内容を確認することができ、相続登記の手続もすることができます。

※８　相続人でなくても検索できますがここでは省略します。

図表４　遺言があった時の図

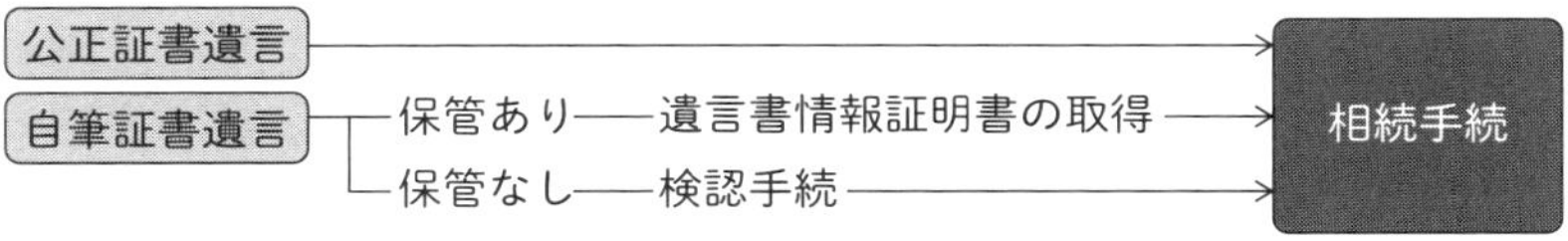

遺言書があった場合の手続

最後に、遺言があった場合の手続や留意点をご紹介します。

まず、公正証書遺言の場合は、家庭裁判所の検認の手続は不要なため、その内容に基づいた相続手続の準備ができます。また、検索システムで公正証書遺言が見つかった場合は、その遺言を保管する公証役場に対して公正証書遺言の（再）交付の請求を行います。そのうえで、その内容に基づいた相続手続の準備をします。

次に、自筆証書遺言で法務局の遺言書保管制度を利用していない場合、家庭裁判所の検認の手続が必要です。もし遺言書に封がされていた場合はそれを勝手に開封してはいけません。検認の手続において開封する必要があります。そして、検認後に遺言の内容を確認のうえ、相続登記などの手続を行います。

一方、法務局の遺言書保管制度を利用していた場合は、法務局から**遺言書の原本を返還してもらうのではなく、**その内容が記載された**遺言書情報証明書の交付を受け、その証明書によって相続手続を行います。**

自筆証書遺言の場合は、法務局の遺言書保管制度の利用の有無にかかわらず、**遺言の内容自体に法的な不備がある可能性**があります。場合によっては、遺言の内容が無効であることもあり得ます。そのため、そもそも法的な問題がないか、この遺言内容で相続手続が可能かどうかを慎重に確認する必要があります。

「公正証書遺言でも自筆証書遺言でも、内容にわからないことがあれば専門家に相談することをおすすめします。特に、自筆証書遺言の場合、必ずしも法律に詳しい方が作成しているとは限りません。内容によっては相続登記などの手続ができない場合もあり得ます。そのため、自筆証書遺言の場合はより慎重に確認をしてください。また、相続人間で、遺言の内容とは違った相続手続をしたいということもあります。そのような場合は専門家に相談しましょう。」

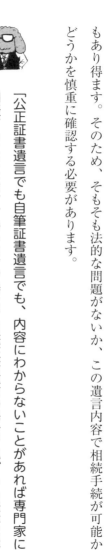

05

不動産の終活をはじめよう

「子がいない友人が、財産を全部妻に相続させる内容の自筆証書遺言を作成して、遺言書保管制度を利用するそうです。」

「なるほど、確かにいいですね。法務局の遺言書保管制度を利用すれば、改ざんの心配もないし、検索もできて、検認手続も不要です。ただし、気を付けたいこともあるんですよ。」

ある人の相続人になることもあれば、最後は自分が被相続人の立場になります。被相続人の立場を知っておくことで、相続人になった時に役に立つこともあります。ここでは自分が被相続人の立場に立った場合の不動産の終活について考えたいと思います。

不動産の終活も登記簿謄本の確認から

最近「終活」という言葉を耳にするようになりました。次世代のことを考えていろいろと整理をしておくことは良いことです。

本章01の事例を思い出してください。兄・一郎さんは自宅の名義は父・太郎さんだと思い込んで手続を進めてしまいました。確かに、手続を進める前に一郎さんが登記簿謄本を確認すれば防げたことですが、その前に、父である太郎さんが生前に行えたことがあります。

もし、登記簿謄本を確認し、太郎さんが自宅の名義が大五郎さん名義だと気が付いていたら、生前に手続を行ったうえで子どもたちに不動産を引き継げたかもしれません。不動産の終活も登記簿謄本の確認がスタートです。

遺言を書こう

遺言があれば、残された相続人は助かります。相続登記に限ると、遺産分割協議が不要となり、必要となる戸籍の種類も少なくなります（※1）。

もし、自分の財産である自宅を売却しようと思ったら、自分で買主を決めて売買契約をしますね。それと同じように、遺言があれば、自分で相続先を決め、その通りの法的な効力を生じさせることができます。遺言は相続財産に対する法的な意思表示なのです。

検認は不要というけれど（自筆証書遺言書保管制度）

終活として遺言を書く場合、遺言の内容はもちろん大切です。ただし、遺言を使う場面にまで想像を巡らせる必要があります。遺言には手続的に使いやすいものと使いにくいものが

※1　遺言と遺書を混同して遺言にネガティブなイメージを持つ方もいます。遺書は、亡くなる間際に親族・関係者への手紙です。一方で遺言は、契約書などと同様の法的な書類です。

あります（※２）。

その代表例が家庭裁判所の検認手続です。自筆証書遺言の場合、原則として検認が必要です。検認は、相続人が家庭裁判所に申立てを行い、後日指定された日時に家庭裁判所に行く必要があり、手間と時間がかかります。そして、申立ての際は、相続関係によっては多くの戸籍謄本等を相続人が準備しなければなりません。

参考までに、裁判所のウェブサイトには必要な戸籍等について、次頁の図表のように記載されています。

相続関係によってはおい・めいの戸籍謄本まで必要とされていることがわかります。そのため、遺言を使用する際に相続人に手間をかけさせたくないとの思いで、法務局の自筆証書遺言書保管制度を使おうという方もいらっしゃるかもしれません。

ただし、**自筆証書遺言書保管制度を使っても、検認と同様の戸籍謄本等が必要**になります。確かに遺言書保管制度では家庭裁判所の検認は不要ですが、相続手続では、法務局で遺言書情報証明書を交付してもらわないといけません。その遺言書情報証明書の交付申請の際には、検認とほぼ同様の戸籍謄本等が必要です。

例えば、子がない夫婦で夫が先に亡くなった場合の相続人は、妻と夫の兄弟姉妹（兄弟姉妹が先に亡くなっているときはおい・めい）です（※３）。この場合、妻は遺言によって相続手続をする前に、夫の兄弟姉妹（時にはおい・めい）の戸籍謄本等を集めなくてはなりません。

※２　ここでは内容面ではなくあくまで手続面の使いやすさについてです。
※３　夫の両親・祖父母は先に亡くなっているという前提です。

図表　裁判所ホームページに挙げられている必要な戸籍謄本等

【共通】
1．遺言者の出生時から死亡時までのすべての戸籍（除籍，改製原戸籍）謄本
2．相続人全員の戸籍謄本
3．遺言者の子（及びその代襲者）で死亡している方がいらっしゃる場合，その子（及びその代襲者）の出生時から死亡時までのすべての戸籍（除籍，改製原戸籍）謄本
【相続人が遺言者の（配偶者と）父母・祖父母等（直系尊属）（第二順位相続人）の場合】
4．遺言者の直系尊属（相続人と同じ代及び下の代の直系尊属に限る（例：相続人が祖母の場合，父母と祖父））で死亡している方がいらっしゃる場合，その直系尊属の死亡の記載のある戸籍（除籍，改製原戸籍）謄本
【相続人が不存在の場合，遺言者の配偶者のみの場合，又は遺言者の（配偶者と）兄弟姉妹及びその代襲者（おいめい）（第三順位相続人）の場合】
5．遺言者の父母の出生時から死亡時までのすべての戸籍（除籍，改製原戸籍）謄本
6．遺言者の直系尊属の死亡の記載のある戸籍（除籍，改製原戸籍）謄本
7．遺言者の兄弟姉妹で死亡している方がいらっしゃる場合，その兄弟姉妹の出生時から死亡時までのすべての戸籍（除籍，改製原戸籍）謄本
8．代襲者としてのおいめいで死亡している方がいらっしゃる場合，そのおい又はめいの死亡の記載のある戸籍（除籍，改製原戸籍）謄本

裁判所ウェブサイト（https://www.courts.go.jp/）より抜粋

このように、相続関係によっては検認と同様の戸籍謄本等が必要となり、その点では、検認も遺言書情報証明書も手続の負担はあまり変わりません。これから自筆証書遺言書保管制度の利用を検討する方は、検認不要のメリットとともに亡くなった後に相続人が取得しなければならない戸籍謄本等まで確認しましょう（※4）。

自筆証書遺言はしっかり調べて書く

自筆証書遺言には法的な

※4　相続関係によっては公正証書遺言の作成を検討したほうが相続人の負担は少ないかもしれません。

問題が生じる可能性があります。法務局で自筆証書遺言を預かる際に、遺言の内容の確認は行わないからです（※５）。

遺言を使用するときには遺言を作成した遺言者はいません。そのため、法的な不備や内容に疑義があっても訂正や補足説明はできません。それが原因となって相続人間で争いが生じることもあります。自筆証書遺言書保管制度の利用の有無にかかわらず、自筆証書遺言を作成するときはしっかり調べて書くか、信頼できる専門家と一緒に作成することをおすすめします。

コラム

遺言の必要性が高い人

遺言の作成はどなたにもおすすめできますが、特に必要性が高いと思われる方の例を挙げると次の通りです。

子がいない／相続人が一人もいない／相続人の数が多い／内縁の妻（夫）がいる／相続人の中に認知症の方、未成年者、行方不明者がいる／自宅を特定の相続人に相続させたい／遺産のほとんどが不動産である／再婚をしているなど、家族構成が複雑である／いわゆる隠し子がいる／遺産を社会のために役立てたい／相続人以外に遺産を承継させたい　など

※５　たとえ法的な不備がありそうな内容であっても、法務局の担当者はアドバイスなどはせずにそのまま受理する扱いになっています。

マンガ③ 遺言書は大事！

うーん…こうやって、お父さんの相続手続をしていると―
自分が突然亡くなった時が心配になってくるわね
私の相続人は、夫と子供相続人が多くないからもめるという事はないけど…
夫
子
今回のお父さんの相続で沢山遺産を貰っちゃったし、それに…
子供が未成年者―
ゴゴゴゴゴゴ…
夫はあんなんだし…
やっぱり遺言書、必要よねぇ
相続人に未成年者がいる場合、親権者がその未成年に代わって遺産分割協議をすることとなります
多くの場合、その親権者が相続人という立場でもあり、そんな時は未成年者の分も含め、親権者が全部自分だけで決められることになってしまいよろしくありません
おお！自分だけで協議できる！
親権者で相続人
配偶者
子
そのため未成年者の親権者も相続人であるときは、未成年者の代理人として特別代理人の選任を家裁にお願いする必要があります
よって、相続が発生しそうなとき、未成年者がいる場合は遺言書を作成しておくと手続がスムーズにいきます
ナガイ…

第4章

さあ、相続登記をはじめよう!

01 法務局の無料情報を活用しよう

「登記簿謄本と遺言の確認ができました。チェックリストでは私でもできそうです。何から始めたらいいでしょうか。」

「法務局のウェブサイトで無料情報を取得して参考にすると良いですよ。」

さて、登記簿謄本と遺言の確認ができました。チェックリストで「×」の数が少なく、自分で相続登記を行いたいと思っているなら、その準備をしていくことになります。まずは無料情報を活用しましょう。

法務局の無料情報

ウェブ上の情報は、玉石混交の状態です。近年は法改正が続き、かつては正しかった情報も、古くなっています。最新の情報であるのかを見極めるには、かなりの知識が必要です。

無料情報としておすすめなのは、法務局のウェブサイトです。「法務局　相続登記」と検索すると「相続登記・遺贈の登記の申請をされる相続人の方へ（登記手続ハンドブック）」を見つけることができます（ウェブサイトが更新されている場合でも、類似の案内はあると思います）。そこでは、相続登記の手続を数十ページのボリュームで解説した登記手続ハンドブック（以下、ハンドブック）をダウンロードすることができます。もちろん無料です。

「執筆時現在、遺産分割協議編と法定相続編と遺贈編の3パターンがありますので、必要に応じてご覧ください。いずれのハンドブックも、一般の方向けに解説をしています。これをご覧になって、ご自身で相続登記ができそうかどうかを判断してください。」

①遺産分割協議編

令和6年4月版
（登記手続ハンドブック）

登記申請手続のご案内
（相続登記①／遺産分割協議編）

あなたと家族をつなぐ
相続登記

不動産登記推進イメージキャラクター「トウキツネ」

～令和6年4月1日から
相続登記の申請が義務化されました～

法務省民事局

②法定相続編

令和6年4月版
（登記手続ハンドブック）

登記申請手続のご案内
（相続登記②／法定相続編）

あなたと家族をつなぐ
相続登記

不動産登記推進イメージキャラクター「トウキツネ」

～令和6年4月1日から
相続登記の申請が義務化されました～

法務省民事局

③遺贈編

令和6年4月版
（登記手続ハンドブック）

登記申請手続のご案内
（遺贈による所有権移転登記
／相続人に対する遺贈編）
（令和5年4月1日施行の新制度対応版！）

不動産登記推進イメージキャラクター「トウキツネ」

～令和6年4月1日から
相続登記の申請が義務化されました～

法務省民事局

02

相続登記の手順とは

「相続登記って登記申請書だけ書けば良いのではないのですか？」

「はい、登記申請書の作成も確かに重要ですが、一緒に提出する書類の準備や作成もそれ以上に重要です。」

相続登記手続の概要

相続登記の手順は次の通りです（遺言がない場合）。

①被相続人（亡くなった方）の一生分の戸籍謄本などの必要な書類を集める。

↓

②相続人全員による遺産分割協議を行う（遺産分割協議をする場合）。

↓

③遺産分割協議の結果を記載した遺産分割協議書を作成する。

④相続人全員が遺産分割協議書に実印で押印する。

⬅

⑤登記申請書を作成する。

⬅

⑥登記申請書を戸籍謄本や遺産分割協議書などの添付書類とともに管轄法務局へ提出。

⬅

⑦登記申請書等に不備等があれば、法務局からの指示にしたがい修正する。

⬅

⑧登記完了。

遺産分割協議を行わない場合（法定相続分での相続の場合）には②③④は不要です。つまり、①必要な戸籍謄本等を集め、⑤⑥登記申請書を作成し、管轄法務局に提出すれば良いだけです（※1）。

意外に簡単と思われたかもしれませんし、面倒に思われたかもしれません。その負担感は相続登記が自分でできるかどうかの判断基準になるでしょう。面倒に感じるなら、専門家に依頼してしまうのも一手です。このくらいならなんとかなると思われた方は、法務局のハン

※1　遺言の場合は、②③④は不要で、遺言の内容によっては①で集める戸籍謄本等も一部省略できます。一方、遺言の内容によっては、登記識別情報や印鑑登録証明書が必要となる場合があります。自筆証書遺言の場合は相続登記の前に検認や遺言書情報証明書が必要です。詳しくは、法務局のハンドブックやウェブサイトを参考にするか、司法書士に相談してください。以下、本書では、遺言がなかった場合を中心に進めます。

ドブックなどを参考にご自身で手続を進めましょう。
なお、専門家に依頼したい場合、相続登記の依頼を受けることができる専門家は司法書士と弁護士のみです。

相続登記の準備の山場・戸籍謄本等の収集・相続人の確定作業

手順①にある通り、相続登記には被相続人の一生分の戸籍謄本等が必要です。これにより、書類上相続人を確定させることができます（※2）。

相続登記では、遺言を使用した場合を除いて相続人全員の関与が必要です。そして、関与した者が相続人全員であるかどうかは戸籍により確認されます。そのため戸籍を漏れなく集める必要があります。とはいえ、この戸籍を集めて相続人を確定させる作業は非常に手間です。なぜなら、「戸籍集め自体が面倒な作業」であり、さらに「集めた戸籍の読み取りが困難」な場合があるからです。

戸籍は、被相続人の亡くなった際のもの1通だけでは足りず、少なくとも3～4通、多い場合は数十通も必要なこともあります。また、何とか集めることができたとしても、明治・大正・昭和の戦前の時代に作成された古い戸籍が含まれていることも多く、その中にはまるで古文書のような文字で記載されているものもあり、読み取り自体が困難なことも珍しくありません。

※2　以下、本章では相続登記に必要となる戸籍謄本等を単に戸籍ということがあります。

もし、戸籍の収集が不完全であったり、読み取り間違いによって**相続人の判定を誤ってしまうとその後の手続に大きな影響を与えます。**

そのため手順①の「被相続人の一生分の戸籍謄本などの必要な書類を集める」とは、正確に戸籍を集めることはもちろん、**集めた戸籍を正確に読み取ることができるか**、という意味合いも含まれます。この戸籍を集め、相続人を確定する作業は、相続登記の準備の山場です。

法定相続情報を活用しよう！

法定相続情報は、２０１７年に開始された比較的新しい制度です（※３）。この法定相続情報の取得に必要な戸籍は相続登記で必要となるものと基本的に同じです。そして、法定相続情報は戸籍の代わりとして相続登記をはじめ相続税申告、銀行等の相続手続でも使用できます。

相続手続に関しての戸籍が準備できたら、法定相続情報の取得をおすすめします。法定相続情報が取得できれば、その後の手続（例えば遺産分割協議や相続登記等）で法定相続人が誰であるのかを心配する必要はなく、安心して手続を進められます（※４）。なお、法定相続情報の交付費用は無料です。

※３　簡単に言うと、必要な戸籍をそろえることによって法務局で作成してもらえる相続関係図の証明書です。誰が法定相続人であるのかという点について国のお墨付きがもらえます。

※４　一方、もし必要な戸籍がすべて用意できず、法定相続情報を取得することができない場合、司法書士に戸籍の取得や相続人の確認作業を依頼しましょう。

仙台家庭裁判所の無料情報

手順①で集める戸籍の具体的な内容については法務局のハンドブックでご確認ください。法務局のハンドブックに加えて有用なのが、仙台家庭裁判所のウェブサイトです。「仙台家庭裁判所　戸籍謄本」と検索するとPDFファイル「相続関係手続における戸籍の入手方法Q&A」（以下、仙台家裁Q&A）をダウンロードできます（※5）。

法務局のハンドブックと合わせて読んで、戸籍を漏れなく取得するようにしてください。

戸籍謄本等の請求先についての改正

手順①に関して戸籍の請求方法が2024年3月1日より改正されました。これまで戸籍の請求は本籍地の役所の窓口または郵送で行う必要がありましたが、改正により本籍地以外の役所の窓口でも請求ができるようになりました。

相続の場合、一生分の戸籍を集めるため、全国各地の役所に請求することも多いのですが、今後はそのような場合も最寄りの一か所の役所の窓口にまとめて請求できます。これにより戸籍集めのハードルが下がることが期待できます。

しかし、注意点もあります。手続が役所の窓口のみ（郵送不可）とされたため、基本的に利用は平日に限られます。また、代理人では利用できず、請求できる人が限定されます（※6）。

※5　もともとは裁判所の相続手続において戸籍を収集する際の案内ですが、相続登記でも活用できます。

※6　利用の際は役所の窓口でご確認ください。

不明点は必ず相談

準備を進めていく中で不明点があれば、司法書士等の専門家に相談しましょう。特に、相続人の判断ミスはその後の手続に大きな影響を与えます。例えば、遺産分割協議を行った後、戸籍を見直した際に相続人が判明した場合は、その遺産分割協議はやり直しです。確かに、戸籍集めは改正により以前より行いやすくなりましたが、集めた後の内容確認の困難さに変わりはありませんので、少しでも不明点があればそのままにせず相談することが重要です。

なお、自分で相続登記の手続を進める場合、必要に応じて法務局の相談窓口を利用することもあるかと思います。その際は次のことを気を付けておきましょう（※7）。

①法的な判断・アドバイスは受けられない（※8）。
②登記申請書は、自分で作成しなければならない。
③利用は20分以内。
④相談後に登記を申請しても、補正（修正）を求められることもある。

※7　詳細は法務局のホームページ等を確認してください。
※8　誰に相続したらよいかなどは相続人が判断する必要があります。

03 相続登記で登場する「?」な用語

法務局では、多かれ少なかれ独特の用語が使われています。ここでは、独特な法務局用語の一部を紹介します（※1）。

登記簿謄本取得の申請（登記簿謄本の取得の窓口にて）

「登記簿謄本を取得したいのですが、地番がわかりません。」

「それでは、向こうにブルーマップがありますのでそれで調べてください。」

ブルーマップとは、株式会社ゼンリンが発行している地図です。一般の住宅地図に地番が重ね合わせてあるので、住所からおおよその地番がわかります。窓口付近に管轄地域分のブルーマップが置いてあることが多いです。ブルーマップの大きさはＢ４判で表紙は水色です。

※１　オンライン申請ではなく、紙の登記申請書で手続することを前提としています。また、具体的な登記申請方法などの詳細は法務局のハンドブックなどを参照してください。

相続登記の登記申請書の作成（登記相談の窓口にて）

「相続登記の申請書を作ってはみたのですが、よくわかないこともあって。」

「そうなんですね。ちょっと見てみましょうか。登記の完了後、登記識別情報は必要ですか？　登記申請書のひな形には「①□　登記識別情報の通知を希望しません。」とあるでしょ。必要なら□はそのままでかまいませんが、不要なら□にチェックを入れてください。

それと、もし、添付した住民票や遺産分割協議書などの②原本還付を希望する場合は、登記申請の際にコピーをつけてくださいね。あと、③登録免許税を収入印紙で納付する場合は、収入印紙は申請書とは別の台紙に貼って提出してください。ちなみに対象の土地は④登録免許税の免税措置の対象になっていますよ。登記申請書は窓口に持参しても⑤郵送申請でも受付できます。郵送申請の場合は、書留郵便で送付してください。また、登記完了後に登記識別情報を郵送で受け取りたい場合は、返信用封筒とともに⑥本人限定受取郵便分の郵便切手を用意してください。あとは、相続の対象物件は自宅と他県の別荘地ですね。自宅はこの法務局の管轄ですけど、別荘地は⑦管轄が違いますから気を付けてくださいね。」

①「□　登記識別情報の通知を希望しません。」へのチェックの要否

法務局に相続登記用の登記申請書のひな形が用意されていますが、それには登記識別情報について「□　登記識別情報の通知を希望しません。」と記載されています。チェックボックスがあると迷うこともあるかもしれませんが、結論としては□**にチェックをせず**に、通知を希望することをおすすめします（※2）。

②原本還付

登記申請の際は、住民票や遺産分割協議書の原本を提出する必要がありますが、コピーを提出することでその原本の返却を受けることができます。それを原本還付と言います。なお、相続登記では多くの戸籍を添付しますが、「相続関係説明図」を作成のうえ、提出することで戸籍についてはコピーをせずに原本還付をしてもらうことができます。

③登録免許税を収入印紙で納付する

登記申請の際に、登録免許税を納付する必要があります。納付方法は「現金納付」と「収入印紙による納付」を選べますが、「収入印紙による納付」のほうが簡便なのでその方が多いです。「現金納付」は、いったん金融機関で納付の上、その領収証書を登記申請書に添付するのでやや手間です。

※2　コラム「登記識別情報は交付してもらったほうがいい」（95頁）参照。

④登録免許税の免税措置

土地について（建物は対象外）、固定資産税評価額が１００万円以下などの場合、登録免許税が免税される制度があります（※３）。例えば、土地の評価額が99万円、建物の評価額が50万円の場合、土地については免税となり、登録免許税は建物分50万円×１０００分の４＝２０００円となります。ちなみに、土地が２筆以上ある場合において、例えば「土地①１１０万円」、「土地②99万円」のとき、土地②の分は免税となり、土地①の分は１１０万円×１０００分の４＝４４００円となります（※４）。

⑤郵送申請

登記申請は郵送でも行うことができます。その場合は、書留郵便にしてください。

⑥返信用封筒とともに本人限定受取郵便分の郵便切手を用意

登記の完了後、登記識別情報などの書類を郵便で受け取ることもできます。その場合、本人限定受取郵便で返送されます。そのため、返信用封筒とともに用意する郵便切手は書留郵便料＋本人限定受取郵便料も加えた料金にしてください。

※３　第６章Q14（131頁）参照。

※４　なお、この免税措置は期間限定の措置ですが、延長することもあるので利用の際は法務局に確認してください。

⑦管轄が違います

法務局には管轄という担当エリアがあります。例えば、東京法務局は千代田区や中央区、文京区など、東京法務局江戸川出張所は東京都江戸川区、千葉地方法務局船橋支局は千葉県船橋市・八千代市です。東京法務局と東京法務局江戸川出張所は別の法務局であり、大は小を兼ねるという関係ではないので、東京都江戸川区の相続登記を東京法務局では受け付けてもらえません。管轄は法務局のウェブサイトで確認することができます。

相続登記の申請（法務局の窓口にて）

「相続登記の申請をしたいのですが、窓口はこちらで良いですか？」

「ここは登記簿謄本等の受付なので①権利の窓口にお願いします。また、受付後は②補正があったら電話します。電話がなければ登記完了予定日を目安に登記は完了します。今日は以上です。お疲れ様でした。」

①権利の窓口

法務局には「不動産登記部門」「商業登記部門」など、いくつかの窓口があることが多いですが、相続登記は「不動産登記部門」です。その不動産登記部門はさらに「権利登記」と「表示登記」に分かれます。相続登記は「権利登記」になります。そのため、「権利の窓口」とか「権利登記の窓口」などと案内されることがあります。ちなみに「表示登記」は登記簿の表題部を担当しています。

②補正があったら電話

補正とは、登記申請後に不備があった場合のことです。もし、必要な書類が足りないなどがあった場合は、法務局より電話が入ります。一方、特に不備等がなければ、法務局からの連絡はなく、登記完了予定日頃に登記は完了します。

コラム

登記識別情報は交付してもらったほうがいい

法務局から提供されている相続登記の申請書のひな型には、その中に「□　登記識別情報の通知を希望しません。」という記載があります。これは、登記完了後に登記識別情報を交付してもらいたいかどうかのアンケートです。登記識別情報は、法務局側で定めた英数字12桁の暗証番号のようなもので、相続登記後の一定の登記手続（例えば、相続した不動産を売却する、相続した不動産を担保に借り入れをするなど）の際に使用します。

登記申請の際に登記識別情報が必要なのは、法務局側が本人確認をするためです。例えば、不動産を売却する場合、売主から買主に所有権を移転させる登記をします。登記申請の際に売主の登記識別情報をそのほかの書類とともに提出すれば、法務局は、英数字12桁の暗証番号を確認することでなりすましなどが行われていないとわかるわけです。

では、登記識別情報がないと、不動産の売却はできないのでしょうか。今お話ししたように、登記識別情報の趣旨は本人確認・なりすましの防止です。そのため、登記識別情報がない場合は、登記手続を担当する司法書士が厳格な本人確認を行い、「本人確認情報」という書類を作成することにより、売主はなりすましではないとして、登記申請を行うことができます（そのほかにも方法がありますが省略します）。

ただ、司法書士が「本人確認情報」を作成するため、その分の費用が掛かってしまいます。また、そのほかの方法であっても手間や費用がかかります。

確かに登記識別情報の通知を受けるとその管理が面倒かもしれませんが、少なくとも相続登記後に売却予定など、登記手続を控えている場合は、「□　登記識別情報の通知を希望しません」にはチェックせず、通知を希望する＝登記識別情報を交付してもらうほうが良いと思います。

04 さあ困った！　こんなときは！

「相続登記の申請ができたー！　やったー」

（数日後）

「（電話）法務局のものですが、先日、登記を申請してもらった件で、添付書類の戸籍謄本が足りません。取得して提出してください。」

法務局からの補正の電話連絡です。登記申請書や添付書類の内容に何らかの不備があった際に、法務局からその修正を指示する連絡が入ります。このように、相続登記では想定外の困ったことが起こりがちです。そうならないためにもその一部をご紹介します。

準備中に困った！

相続登記の準備は想定外のことも多いです。例えば次のようなことはよくあります。

・登記簿謄本が取得できない。

・自筆証書遺言はあるが、内容を見たら相続登記に使えるか不安になった。
・戸籍謄本等を集めたはいいが、相続人が誰だか読み取れない。
・遺産分割協議が進まない／一部の相続人の協力が得られない。

まずは、登記簿謄本のことなら法務局、戸籍謄本等のことであれば市町村役場といった担当の役所の窓口で相談してみてください。ただし、役所は基本的には平日のみ開いているので、難しい場合などは、専門家に相談や依頼するのも一つの選択肢です。なお、相続人間で争いがあり、交渉等が必要になった際の相談先は弁護士になります。

相続登記の申請で困ること

登記簿謄本の確認や必要な戸籍謄本等の取得、遺産分割協議書などが整えばいよいよ相続登記の申請です（※1）。わからないことが出てきたら、法務局の無料相談を利用しましょう（※2）。その際、しばしば、「これは司法書士に頼んじゃったほうがいいよ」とアドバイスされることがあります。相続関係が思っていた以上に複雑な案件なのかもしれませんので、司法書士もしくは弁護士に相談することをおすすめします。

※1　相続登記の申請書は、ひな型が法務局のウェブサイトに案内されていますので、それを使うと便利です。申請書への記載方法は法務局のハンドブックやウェブサイトに記載例がありますので参考にしてください。

※2　相続登記の対象となっている不動産を管轄する法務局に相談してください。なお、予約制となっていることが多いので、事前に確認をしてください。

登記申請後の補正で困ること

無事、相続登記の申請が完了し、あとは完了予定日を待つばかりと思っていたら、管轄の法務局から補正の電話連絡、つまり、何らかの不備があったため修正を指示する電話連絡が入ることがあります（※3）。補正の指示には速やかに従うようにしてください。そして、法務局から連絡があった際にすぐに対応できるように、登記申請書や添付書類は**提出する前にコピーもしくはスマホなどで写真を撮っておく**ことをおすすめします。特に戸籍謄本等が不足している場合、手元に資料がないと何が不足していたのかなどがわからず、追加取得などの対応がしにくいからです。

ちなみに、よく補正になるのは次のような点です。したがって、登記申請前には補正にならないように今一度確認をするようにしてください。

- 登記申請書に申請人の押印忘れ。
- 登記申請書や添付書類が複数枚になったときの契印（割印）忘れ。
- 登録免許税額の誤り・収入印紙の貼り忘れ。
- 添付書類（戸籍謄本等）の不足。
- 管轄間違い。

※3　補正は、登記申請書や添付した書類に不備や不足があるため、法務局側で登記を進めることができない状態です。放置した場合は、せっかく申請した相続登記が却下されてしまうこともあります。

登記完了後、住所や氏名が間違っていて困った！

何とか登記が完了したようです。登記が完了したときには、登記簿謄本を今一度取得して登記申請した通りに住所や氏名が登記されているのかを確認することをおすすめします。

もし、住所や氏名が誤っていたら、すぐに訂正の手続をするようにしますが、原因により2つの方法があります。

①登記申請書には正しく記載していたのに、法務局側のミスで登記が誤っていた

この場合は、法務局に電話等で連絡してください。基本的に法務局側にて修正手続をしてもらえます。

②そもそも登記申請書への記載が誤っており、法務局側がそのまま登記をした

この場合は、更正登記といって、訂正のための別途の不動産登記申請が必要となる可能性が高いです。まずは、法務局に相談をして更正登記の案内があれば、その準備をしてください。更正登記については、司法書士への相談をおすすめします。

マンガ①　中間省略登記

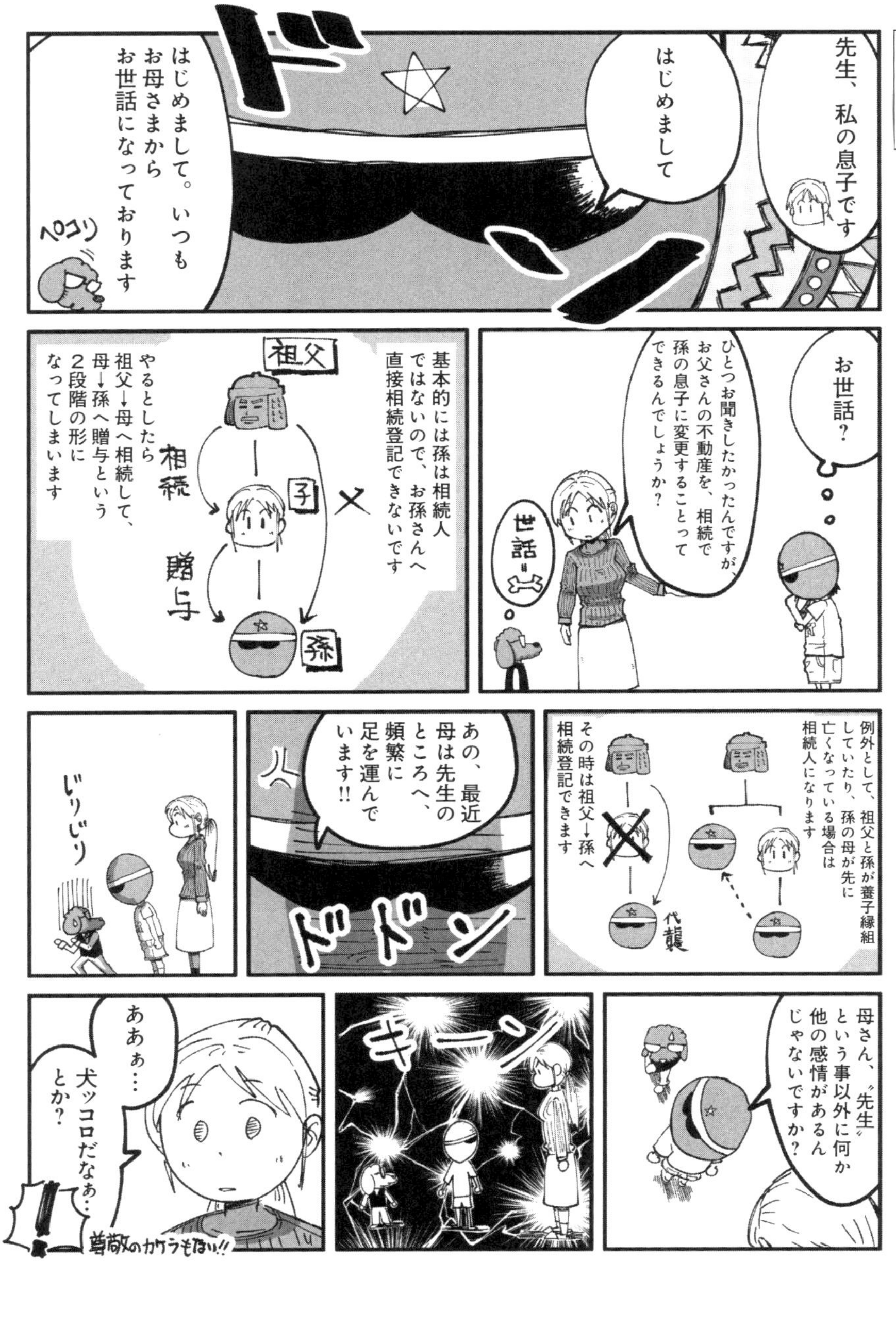
先生、私の息子です
はじめまして
ドン
はじめまして。いつもお母さまからお世話になっております
ペコリ
お世話？
ひとつお聞きしたかったんですが、お父さんの不動産を、相続で孫の息子に変更することってできるんでしょうか？
世話＝
基本的には孫は相続人ではないので、お孫さんへ直接相続登記できないです
祖父
子
孫
相続
贈与
やるとしたら祖父→母へ相続して、母→孫へ贈与という2段階の形になってしまいます
例外として、祖父と孫が養子縁組していたり、孫の母が先に亡くなっている場合は相続人になります
その時は祖父→孫へ相続登記できます
代襲
あの、最近母は先生のところへ、頻繁に足を運んでいます!!
ドドン
じりじり
母さん、〝先生〟という事以外に何か他の感情があるんじゃないですか？
キーン
あぁぁ…
犬ッコロだなぁ…とか？
尊敬のカケラもない!!

マンガ② 法務局からの電話

第5章 我が家の相続登記はちょっと複雑…

01 相続登記が難しくなる事例

「遺産分割協議は、相続人全員で行う必要があるんですよね？　もし、相続人の中に家を出て行ってしまい音信不通の人がいたら、その人のハンコはなしでも良いですか？」

「音信不通の方も含めて遺産分割協議をする必要があります。この場合、不在者財産管理人の選任手続が必要だと思われます。」

費用の節約のためにも自分で相続登記を行いたい方も多いでしょう。ただ、中には法務局のハンドブックなどに記載されている基本形ではない相続登記も多数存在します。本章では相続登記を難しくさせる典型事例をご紹介します。似ていそうな事例があれば、ご自身で手続に取り組む前に、司法書士への相談をご検討いただくことをおすすめします。

まずは、困難事例を3つご紹介します。

ケース1：登記簿謄本の所有者名義が被相続人ではない

第3章の事例のようなケースです。結論から言えば、こういったケースは、専門家に相談しないと非常に面倒です。

祖父や曾祖父の一生分の戸籍謄本等を集めたり、相続人の中に亡くなっている人がいればその人の一生分の戸籍謄本等を集める必要もあったりします。登記簿謄本を確認した際に、被相続人とは異なる人の名義であった場合は、すみやかに専門家に相談しましょう。

ケース2：相続人の中に遺産分割協議ができない人がいる

遺産分割協議は相続人全員の合意によって行われます。相続人全員ということは、ある事情によって相続人のうち一人でも遺産分割協議に参加できなかった場合は、その遺産分割協議は成立しないということです。そのある事情の代表例は①～③のとおりです。

①認知症の方がいる

認知症の方の中には、約束の内容を理解したり、自分の意思を明確に言い表したりすることが難しい方がいます。遺産分割協議はいわば「相続人間での約束≒契約」と言えますので、約束の内容が理解できず、自分の意思を明確にできない状態では、遺産分割協議に参加できません。この場合、遺産分割協議の前に認知症の方のために**成年後見人を選任する必要**があり、選任された成年後見人は認知症の方の代理人として遺産分割協議に参加することになります。成年後見人は**家庭裁判所の手続により選任**されます。このように、相続手続以外の手続も必要となってきます。

②未成年者がいる

未成年者は、遺産分割協議の内容を正確に理解したり、その場で意思表示したりすることが難しいため、遺産分割協議に参加できません。そこで、**家庭裁判所の手続により特別代理人の選任**が必要な場合があります（選任の要否や必要な場合の手続については専門家に相談してください）（※1）。

③行方不明者がいる

行方不明者は、そもそも遺産分割協議に参加できません。だからと言って行方不明者を除いて遺産分割協議をすることもできません。この場合、**家庭裁判所の手続により不在者財産管理人の選任**が必要になります（※2）。

ケース3：自筆証書遺言の記載内容が不適切

自筆証書遺言は、遺言者が自分一人で作成することができます。その分、法的に問題のあ

※1　近年、未成年者の年齢については法改正があり、18歳未満の者が未成年者です。20歳ではありませんのでご留意ください。

※2　①〜③以外にも、海外在住者がいる、在監者（刑務所などの刑事施設に入っている者）がいる場合なども困難なケースです。

る内容となっている場合があります。相続登記に関しては、不動産の特定方法が問題になることが多いです。

例えば、不動産を住所で記載している場合です。一見何の不備もないように見えますが、不動産は登記簿の記載どおりに土地なら地番、建物なら家屋番号等で特定する必要があります。住所で特定していても相続登記ができることもありますが、その場合であっても、法務局から補完書類（相続人全員からの印鑑証明書付きの上申書など）の提出を指示されることもあり、相続登記を申請する前に法務局にて相談をする必要性が高いです。

また、「○○に相続させる」と記載すべきところ、「○○にあげる」や「○○に管理させる」などと記載していた場合は、相続登記ができない可能性があります。そのほか、自筆証書遺言の要件を満たしているかなど、確認すべき点も多いです。

なお、自筆証書遺言は、法務局の自筆証書遺言書保管制度を利用してない限り家庭裁判所の検認手続が必要です。自筆証書遺言に封をされていれば、検認手続の前に開封することはできません。

02 相続人の確定作業は困難！

「戸籍謄本を集めることができました。結構大変でした…。」

「そうでしたか。お疲れ様です。戸籍謄本の読み方はわかりますか？」

戸籍の読み取りは難しい…

戸籍謄本等（※1）の収集には手間がかかります。制度改正により戸籍の収集に関する負担は軽減されるかもしれませんが、それでも役所の窓口で手続をしなければならないことに変わりはありません。そして、無事に戸籍を集められたら、内容を読み取って相続人を正確に確定させなくてはなりません。

ただ、戸籍の読み取りが難しいことがあります。この「読み取り」には2つの意味合いがあります。1つ目は「字が読み取りにくい」こと、2つ目は「内容が読み取りにくい」ことです。

※1　以下、本章では戸籍謄本等のことを単に戸籍ということがあります。

まず、1つ目は、文字通りです。古い戸籍は手書きで、読みにくいことも多いです（※2）。

2つ目は、戸籍の読み取りに、知識が必要だということです。「被相続人○○の相続人は△△です」と書いてあればよいのですが、実際はそうではありません。戸籍には、戸籍に記載されている人の名前や生年月日などが列挙されているだけです。また、被相続人について必要となる戸籍は、1通だけではありません。出生から婚姻・婚姻から転籍・転籍から離婚・離婚から死亡のように、いくつも必要になることが通常です。手元にある戸籍がいつからいつまでの戸籍なのかを読み取るためには戸籍の知識が必要です。

そして、離婚したから相続人ではない、被相続人の父より先に子が死亡したから子の子（孫）が相続人になる、といった相続人の判断には民法の知識が必要なります。このように、戸籍を読んで相続関係を正確に把握するためには戸籍や民法の知識が必要となるため、内容の把握が難しい、つまり、内容が読み取りにくいのです。

相続人確定が難しいケース

戸籍を取得して相続人を確定させることが困難な事例の一つが、**被相続人に子がない場合**です。被相続人の両親が先に亡くなっていれば被相続人の兄弟姉妹が相続人になります。この場合、亡くなった両親の一生分の戸籍を集める必要があり、明治・大正時代頃までさかのぼることも多いです。また、被相続人が高齢だった場合、相続人となる兄弟姉妹も高齢であ

※2　一概には言えませんが、被相続人の出生日が戦前（1945年以前）の場合は、戸籍の字が読みにくいことが多いです。また、今の民法とは違う昔の民法の知識が必要になることもあります。

り、被相続人より先に亡くなっていることもよくあります。そのため、相続人の確定作業に困難が伴うことが多いです。

相続人が一人でも欠けていると…

遺言がない相続登記手続では相続人全員の関与が必要です。例えば、遺産分割協議は相続人全員が参加して行わなければなりません。もし、相続人が一人でも欠けていれば遺産分割協議は無効です。つまり、相続人全員だと思って遺産分割協議を行ったところ、実は、もう一人相続人がいた、という場合、すでに行われた遺産分割協議は無効となります。その場合は、正しい相続人により改めて遺産分割協議を行う必要があります。ここで、改めて行うことができればまだ良いですが、再度の遺産分割協議が困難なことも考えられます。相続人の確定作業は慎重に行う必要があります。

03 ちょっと困る登記簿の記載…

「相続登記をしようと思って登記簿謄本を確認したらよくわからない登記がありまして…」

「これはいわゆる休眠担保です。相続登記はできますが、ただ…」

相続登記自体はできても、その後に困ることもあります。例えば、登記簿に次のような登記がある場合です。

①古い抵当権や根抵当権といった休眠担保権の登記がある。
②仮登記・差押・仮差押・仮処分の登記がある。

古い抵当権や根抵当権といった休眠担保権の登記がある

登記簿謄本を確認すると、権利部乙区に古い抵当権の登記が残っている場合があります。

抵当権とは、お金を借りた際に不動産を担保に入れるものです。例えば、住宅ローンを組むと、銀行の抵当権が登記されます。その抵当権の登記の中には、債務が完済され担保としての役目を終えたにもかかわらず登記だけが残ってしまっている、というものがあります。このような抵当権を俗に休眠担保と呼んでいます。登記された日付が古く（明治・大正・昭和初期）、登記されている債務者や抵当権者のことを相続人が全く把握していないことも多いです。このような休眠担保と呼ばれる抵当権があっても相続登記自体は行えます。

困るのは、その**休眠担保の存在により、不動産の売却が困難**になる点です。なぜなら抵当権を抹消する（抵当権を消す）手続が困難なことが多いからです。抵当権としての役割を終えていても、抹消するには不動産登記のルールに従って抵当権者と一緒に登記手続をしなければなりません。もし、抵当権者が亡くなっていて相続が生じていれば、抵当権の相続手続が必要です。まずは、そもそも相続人が把握していない抵当権なので、抵当権者の調査から始めなければなりません。供託手続や裁判手続を利用することも考えられます。

差押や仮差押、仮処分といった登記や仮登記がある

「差押」や「仮差押」、「仮処分」の登記は裁判所や役所が関係する登記です。「仮登記」はさまざまな事情により行われる誰でもできる登記です。古い登記だからといって効力がないとは限りません。登記簿の記載から必要な手続を確認する必要があります。

もちろん、確認しなくても相続登記をすることはできます。しかし、後日になって、手間や費用をかけて相続したはずの不動産が「実は自分のものではなかった」となりかねません。
また、休眠担保と同様、仮登記等の登記が残ったままの不動産は売却が困難で、抹消するにも多くの時間がかかります。

登記簿を確認した際に、権利部の甲区や乙区に相続人が誰も把握していないような古い抵当権や、なんとなく知ってはいたけれどどのように対応して良いかわからない仮登記などの登記が記載されている場合には司法書士に相談すると良いでしょう。

コラム

私の配偶者は相続人？

被相続人との関係で亡くなったタイミングで相続人が変わることもあります。次の例をもとに2つの相続関係をご紹介します。

例：父名義の不動産の相続登記を行います。
父と長男次男。母すでに死亡・長男次男にはそれぞれ配偶者と子あり。
このとき、父の相続登記のための遺産分割協議に参加しなければならない人はだれか。

相続関係1

父が死亡し、その後、長男が死亡しました。

相続関係2

長男が死亡し、その後、父が死亡しました。

相続関係1では、長男の配偶者も遺産分割協議に参加する必要があります。長男の配偶者が参加していない遺産分割協議は無効であり、やり直しが必要です。参加者は長男の配偶者、孫①、次男となります。

一方、相続関係2では、長男の配偶者の参加は不要です。参加者は次男と孫①になります。

このように死亡のタイミングが違うだけで、遺産分割協議への参加者が異なります。

なお、相続関係1を数次相続といい、相続関係2を代襲（だいしゅう）相続と言います（※1）。

数次相続や代襲相続のように、被相続人以外に亡くなっている人がいるような場合は、相続関係に影響を与える場合があり、遺産分割協議へ参加すべき相続人を見落とす要因になり得ますので注意するようにしてください。

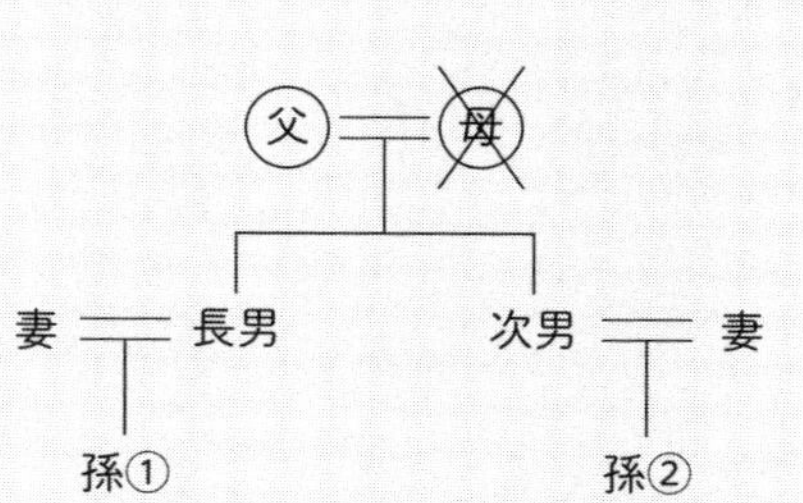

※1　第1章チェックリスト⑥（数次相続）、⑯（代襲相続）

04 相続に関わる専門家を知っておこう

「もし、遺産分割協議がまとまらない場合、先生におまかせできますか？」

「その場合、代理人になれる専門家は弁護士のみです。」

相続登記の専門家と言えば司法書士ですが、事案によってはその他の専門家とともに手続を進める必要があります。そこで、相続登記をはじめ相続に関係する専門家をご紹介します。

弁護士

言わずと知れた法律の専門家です。法律分野で扱えないものはありません。相続登記でも、訴訟でも、相続人間の交渉でもなんでも扱うことができます。

その中でも、相続に関する訴訟や相続人間の交渉に関する代理人は、弁護士しかすることができません。たとえ、それまで、ほかの専門家に手続をお願いしていたとしても相続人間で争いや揉め事が生じて交渉が必要になった場合は、弁護士に引き継いでもらったほうが無難です。

司法書士

登記手続の専門家です。相続登記に関することは、司法書士に相談すると良いでしょう。もし、亡くなった方が会社を経営していた場合は、会社の登記も必要かもしれません。その場合も、司法書士が対応できます。

そのほか、裁判所に提出する書類を作成することもできます。例えば、相続放棄の申立書や、成年後見人選任の申立書の作成などについて相談することができます。相続財産に不動産が含まれていた場合は、まずは司法書士に相談してみると良いでしょう。

税理士

相続税について相談や手続ができるのは税理士です。税理士以外の者は、税金について個別具体的な相談や手続を受けることはできません。ただし、一口に税理士と言っても得意分野、専門分野があるようで、お医者様でたとえるなら、内科と外科くらい分かれているようです。内科のお医者様に外科の相談をしないように、会社の税務が得意な税理士に個人の相続の相談は専門外かもしれません。そのため、相談する前に、相続（税）が得意分野、専門分野であるか確認したほうが良いかもしれません。

行政書士

いろいろな役所に提出する書類を作成する専門家です。その中で、遺産分割協議書の作成など、相続手続に関する書類の作成や手続について専門にしている行政書士もいます。相続分野を得意としている行政書士がいる一方で、まったく扱わない方もいます。相談する前に、相続を得意分野としているか確認したほうが良いかもしれません。

不動産鑑定士

不動産の相続において、不動産の評価額（不動産の金額）が焦点になることもあります。その場合、路線価であったり、固定資産評価額であったりいろいろな金額が提示されますが、どの金額でも折り合いがつかない場合は、不動産鑑定士に評価の鑑定を依頼することもあります。

土地家屋調査士

表題部の登記の専門家です。不動産の相続において土地を分筆する手続や、未登記の建物の登記手続きは土地家屋調査士が行います。また、相続手続において登記簿を調査をしている際に、すでに取り壊されているにもかかわらず登記簿だけが残ってしまっている建物が判明することがあります。そのような場合は、表題部の登記として滅失登記の手続が必要となり、土地家屋調査士に依頼することができます。

「その他、相続〇〇士などの専門家も多くいます。いずれも国家資格ではなく、民間団体が認定している資格です。そのため、公的な権限（代理人として裁判ができる、登記申請ができる、税務申告ができるなど）はなく、その意味では、一般の方と変わりません。ただし、これまでに多くの相続問題に関わり、いろいろなノウハウを持っている方もいます。」

05 司法書士の探し方・相談の準備・報酬について

「遠くで暮らしている友人も相続登記で悩んでいます。相続登記を司法書士に依頼したいようなのですが、知り合いの司法書士がいなくて。」

「インターネットで検索するなら日本司法書士会連合会が運営する公式の司法書士検索サイト『しほサーチ』が便利ですよ。」

相続登記の相談や依頼を司法書士にお願いしたいと思っても、知り合いの司法書士なんていないという方が多いでしょう。そこで、司法書士の探し方をご案内します。

相続登記業務はほとんどの司法書士が対応可能

相続登記業務はほとんどの司法書士が対応できます。自宅の相続や両親の相続に関する相続登記であれば、どの司法書士でも対応可能でしょう。

また、例えば東京に住んでいて、福岡の自宅の相続登記を検討している場合であっても、東京の司法書士でも対応してくれます。まずは、近くの司法書士を探すと良いと思います。

とはいえ、当然ながら司法書士ごとに説明の仕方や業務の進め方は違います。また、司法書士報酬は自由化されていますので、報酬は異なります。

場所が近い、説明がわかりやすい、とにかく値段が安い、大きい事務所で信頼できるなど、自分の考えに合う事務所を探してください。

初回の相談は無料の事務所は多いです。気になる司法書士事務所を見つけたら、まずは相談し、司法書士や事務所の雰囲気、説明の仕方や手続費用の見積などを確認すると良いでしょう。規模の大きな事務所の場合は、実際の担当者は事務員なのか、司法書士なのか、司法書士の人数なども確認しておくと齟齬がありません。

①近所を気にしてみる

もし近所に法務局があればその周辺を探してみてください。いくつか司法書士事務所が見つかると思います。

②インターネットで検索・「しほサーチ」

日本司法書士会連合会が運営している「しほサーチ」ではお近くの司法書士を検索することができます。「しほサーチ」と検索してみてください。また、一般の検索サイトで「地域名・相続登記・司法書士」などと検索してみると相続登記を得意とする司法書士が表示されるかと思いますので、気になる事務所があれば問い合わせの上、実際に相談してみると良いでしょう。

③司法書士会経由

各都道府県には、東京司法書士会、大阪司法書士会のように「都道府県名＋司法書士会」があります。電話にて問い合わせをすれば近くの司法書士を紹介してもらえると思います。また、各司法書士会のウェブサイトではその会に所属する司法書士を検索できます。

④知り合いの士業からの紹介

税理士や弁護士などの士業とのつながりがあれば、知り合いの司法書士を紹介してもらえるかもしれません。

相談の際に用意しておくと良いもの

相談の受付の際に持っていくものなどは案内してもらえると思いますが、次のような書類を用意しておくと良いでしょう。

①登記済証（権利証）・登記識別情報（被相続人（亡くなった人）の名義となっている不動産の登記済証（権利証）・登記識別情報）。
②固定資産税評価額がわかる資料（毎年４～６月頃に市町村から送られてくる固定資産税の課税明細書や評価証明書など）。
③親族関係・財産関係がわかるメモ。

コラム

司法書士の費用（報酬）について

相続登記を司法書士に依頼した場合の報酬についてご案内します。

報酬は自由に定めることができるとされているので、司法書士により違います。そのため、正式に依頼する前には見積書を求めるなどして確認すると良いでしょう。

日本司法書士会連合会が司法書士に対して実施したアンケート（※１）によると、相続人３人でそのうちの１人が自宅を相続したような事例では、おおむね５万円～10万円程度だったようです。金額に幅が生じるのは、同じ相続登記であっても相続関係等により検討すべき課題や準備する書類、不動産の価格などが異なるためです。なお、このほかに登録免許税などの実費等が必要となります。ご自身で相続登記手続きを行うか、司法書士に依頼するかの参考にしてください。

※１　日本司法書士会連合会ウェブサイト　司法書士の報酬　報酬アンケート結果（2018年（平成30年）１月実施）参照

マンガ①　数次相続

あらー、この建物の所有者は…
登記簿謄本
そうなんです 建物は私のおじいちゃんの名義だったんです
これは数次相続という状況です おじい様の相続、お父様の相続と2回相続が発生しています
なので、おじい様の相続人全員と遺産分割協議をしなければなりません
祖父
1次相続
おば
父
おじ
2次相続
娘
うへー
たいへん
こればっかりは、専門家に頼んだ方が良さそうですね お願いしても良いですか？
パチン
お力になりましょう
でもこれ以外はご自身でやられたのは凄いですね
実は…
うちの自宅の場所に…
あちゃ～
知らない方の建物の登記もありました
所有者 シラナイ
……

マンガ② 建物滅失登記が必要なケース

第6章

司法書士に聞きたい！その他のQ&A

Q1　相続登記は必ず行わなければならないのですか？

２０２４（令和６）年4月1日より相続登記は義務となっていますので、期間内に登記申請するようにしてください。なお、相続人が多数存在するなどの理由により相続登記が困難な場合もあるかと思います。その場合は、相続人申告登記を行うことにより義務を履行したことになります。

Q2　相続人申告登記とはどのような登記ですか？

相続登記よりも簡易に義務を履行できる制度です。相続登記では、被相続人の一生分の戸籍謄本等や相続人全員の同意に基づく遺産分割協議が必要であったりしますが、相続人が多数存在するなどの場合、期間内にそれらの書類を準備できない場合もあります。そのような場合にも義務が履行できるように相続人申告登記は、各相続人が単独で、自らが相続人であることがわかる戸籍謄本等だけで義務を履行することができます。期間内に相続登記が困難な場合は、相続人申告制度の利用も検討してください。

Q3　相続人申告登記と相続登記は何が違うのですか？

相続登記の義務を履行できるという点では同じです。一方、相続登記は「相続によってこの不動産の所有者は私になりました」という内容ですが、相続人申告登記は「私は相続人

（の一人）です」という内容の手続です。つまり、相続人申告登記では、最終的な所有者が決まっていない状態です。そのため、今後売却などを行う場合、相続人申告登記だけでは足りず後日、遺産分割協議などにより所有者が決まった段階で相続登記を申請する必要があります。

Q4　自分の本籍がわからないときはどうすればよいですか？

本籍がわからない場合、住民票を「本籍地付き」として取得してください。住民票に本籍地を記載してもらうことができますので、それで確認してください。

本籍は住所と異なることも多く、普段使うこともないことから把握していない人も多いです。一昔前までは運転免許証に記載されていたのでそれで確認することもできましたが、現在はできません。

Q5　相続登記では、被相続人の一生分の戸籍謄本等が必要とのことですが、出生年月日と死亡年月日が記載されている被相続人の戸籍謄本を持っています。この1通では足りないのですか？

おそらくお手元には被相続人の方の最後の戸籍謄本があるのだと思います。確かに出生年月日と死亡年月日が記載されていますので、一生分の戸籍謄本のように見えますがそれでは足りません。戸籍は結婚や転籍をすることで新しい戸籍が作成されます。その新しい戸籍は、結婚時や、転籍時からの内容しか証明していません。そのため、出生から結婚まで、結婚から転籍まで、転籍から死亡までのようにいくつもの戸籍謄本等が必要となります。

Q6　相続登記はどこの役所で行いますか？

法務局（登記所）で行います。ただし、どこの法務局でも良いわけではなく、管轄と言って各法務局には担当エリアが決まっています。相続登記を行いたい不動産の管轄法務局で相続登記を行います。

Q7　相続登記の申請方法はどこで教えてもらえますか？

相続登記の申請方法でしたら、法務局の無料相談でも教えてもらえます。予約制になっていることが多いので管轄法務局で予約のうえ、相談してください。

ただし、法務局の無料相談では書類の作成までは行ってもらうことはできません。書類の作成を含めて相談したい場合は、お近くの司法書士に相談してください。

Ｑ８　相続登記はオンライン申請（電子申請）もできるようですが、紙の登記申請書とどちらがよいですか？

一概にどちらとも言えないのですが、法務局が配布しているひな形を使用できるので紙の登記申請書のほうが取り組みやすいと思います。ひな形は、法務局のウェブサイトからダウンロードすることができます。また、法務局の窓口でも配布しています。

オンライン申請は窓口に行かずに登記申請できるメリットがありますが、紙の登記申請書であっても、郵送で登記申請をすることができます。

なお、登記申請後に補正（申請内容の修正等）を登記官より指示されることがありますが、オンライン申請では補正もオンラインでできます。一方、紙の登記申請の場合は、管轄法務局の窓口に行って補正する必要があります。とはいえ、窓口で登記官に直接指示を受けることができるのでわかりやすいとも言えます（オンラインによる補正指示に専門用語が使われると、わかりにくく思うかもしれません）。

Ｑ９　私は３人兄弟ですが、そのうちの一人だけが不動産を相続することはできますか？

親が亡くなり、子ども３人が相続人になった場合かと思います。その場合、相続人となった子ども３人の遺産分割協議により、子どものうち一人だけが不動産を相続することができます。なお、遺産分割協議は相続人全員が参加し合意する必要があります。

Q10 相続登記に実印や印鑑登録証明書は必要ですか？

法定相続分で相続（例えば、父名義の不動産を母2分の1、子2分の1で相続）する場合は、実印や印鑑登録証明書は不要です。一方、遺産分割協議が行われた場合は、実印と印鑑登録証明書が必要です。遺産分割協議が行われた場合、相続登記を申請する際に遺産分割協議書を提出する必要があり、その遺産分割協議書には実印で押印の上、印鑑登録証明書を添付しなければならないためです。

Q11 実印・認印・捨印ってなんですか？

実印とは市町村に登録している印鑑のことです。遺産分割協議書への押印は実印で行う必要があるので市町村に登録している印鑑で押印してください。認印とは実印以外の印鑑のことです。いわゆる三文判であってもそれが市町村に登録している印鑑であれば実印です。捨印とは本来の押印のほかに欄外などに押印することです。捨印は遺産分割協議書などの書類作成後に、軽微な修正をしたい場合に使用します。

Q12　相続した不動産の登記済証（権利証）・登記識別情報がないのですが、相続登記はできますか？

相続登記の場合、基本的に登記済証（権利証）や登記識別情報がなくても登記手続は可能です。なお、事案によっては補助的な資料として登記官より提出を求められることもあります。

Q13　父から相続した不動産を売却したいのですが、相続登記をする前に売却することはできますか？

不動産を売却する場合、その不動産の登記名義は売主の名義である必要があります。そのため、不動産を売却する前に相続登記を行い名義を変更しておく必要があります。

Q14　登録免許税がゼロ円（免税）になる制度があると聞きました。

固定資産税の評価額が１００万円以下の土地の場合、登録免許税がかかりません。その場合、登記申請書に「租税特別措置法第84条の２の３第２項により非課税」と記載する必要があります（※１）。

なお、この制度は２０２５年3月31日までに登記申請した場合の特例となっていますが、制度を延長する可能性もありますので、登記申請時の情報を確認してください。

※１　第４章03　相続登記の登記申請書の作成（登記相談の窓口にて）④登録免許税の免税措置（93頁）参照。

また、数次相続を対象にした免税制度もありますので、法務局のウェブサイトで確認してください。

Q15　相続登記を申請したらどのくらいで登記簿の名義は変更されますか？

相続登記は、法務局の窓口やオンラインで申請することができますが、即時に登記が完了するわけではありません。各法務局ごと、同じ法務局でも時期により登記完了までの時間は異なります。早ければ1週間程度で完了することもありますが、おおむね2～3週間程度のことが多いです。なお、登記完了予定日は、登記申請時に教えてもらうことができますし、各法務局のウェブサイトにも記載されています。

Q16　相続登記が完了したら法務局から連絡は来ますか？

法務局から完了の連絡はありません。登記識別情報の交付を希望した場合で、その交付を郵送で希望した（登記申請時に郵送用の封筒を提出した）時は、登記完了後に登記識別情報は郵送されます。一方、窓口での交付を希望した場合は、登記完了予定日以降に窓口に行けば交付してもらえます（念のため登記完了日以降に完了しているかどうか電話で確認したほうがいいかもしれません）。

Ｑ17　登記完了後にやっておくことはありますか？

相続登記が完了したら、登記簿謄本を取得して登記内容を確認しましょう。登記申請通りに住所・氏名などが登記されていれば、取得した登記簿謄本は登記識別情報と一緒に保管しておくと良いでしょう。

一方、登記申請通りに登記されていない場合（法務局が登記を間違えた場合）は、法務局に連絡してください。なお、そもそも登記申請書の記載を間違えていた場合（自分が書き間違えていた場合）は、修正の登記をしなければならない可能性があります。そのまま放置すると後日売却時等に修正するのに手間取ることもあるので、早めに修正するようにしてください。

マンガ　おわりにーお客様の多様性

【著者紹介】

景山　悟（かげやま　さとる）

司法書士・行政書士
司法書士和久咲法務事務所代表
1976年生まれ。日本大学文理学部教育学科卒業。
一般企業に就職後、法律で皆様の生活をサポートしたいと考え司法書士を目指し2006年度司法書士試験に合格。２か所の司法書士事務所勤務と、大手通信教育の司法書士講座の講師を経験後に独立し、千葉県習志野市に司法書士和久咲（わくさき）法務事務所を開業。
登記全般の案件に関わりながら、その中でも相続や遺言、成年後見業務に注力をしている。
ホームページ：http://www.yoriyoi-souzoku.jp/

伊藤　和雄（いとう　かずお）

イラストレーター、司法書士。

1976年生まれ。大学卒業後、小さい劇団に所属して舞台俳優をしつつ、フラフラと生活。

2006年司法書士合格。愛知県津島市にて司法書士として働きながら、イラストレーターの仕事もこなしている。

Xのアカウント：https://x.com/kazuoitoh/

ホームページ（司法書士事務所）：https://www.itou-legal.com/

自分でやる？プロに頼む？

相続登記サクッと準備ガイド

2024年11月20日　第１版第１刷発行

著　者　景　山　悟
　　　　伊　藤　和　雄
発行者　山　本　継
発行所　㈱中央経済社
発売元　㈱中央経済グループパブリッシング

〒101-0051　東京都千代田区神田神保町１-35
電話　03（3293）3371（編集代表）
　　　03（3293）3381（営業代表）
https://www.chuokeizai.co.jp
印刷／㈱堀内印刷所
製本／㈲井上製本所

ISBN978-4-502-51771-6　C2034